舞台　雨月物語（豊雄役）

1992年6月　「優雅な条件」ジャケット撮影の合間に、京劇の殷さんと。

1984年

1983年頃

1995年5月　速水FC会誌　河森正治さんと対談（会誌Vol.6使用）

1996年7月　声優グランプリ　電影写真館

1995年6月　ライブLiaison　ラフォーレ原宿

1997年1月　声優グランプリ　カクテルストーリーズVol.10（会誌Vol.11使用）

1996年12月　アンジェリークイベント

1998年10月　アンジェリークCD騎士道レコーディング　堀内さんと

速水奨
言葉に生きる、声に込める

まえがき

　このたび、このような本を著す機会をいただき、生い立ちから青春時代、プライベート、声優として仕事をしている今日までをまとめてみました。さらに声優を目指す人たちを相手に教鞭を執るようになってからの一〇年間、会社を作ってからの六年間、その中で新人と接して感じたことなども記しています。

　今まで僕は言葉にせず、感覚や実感として持っていたもので人と接したり、新人を指導してきたのですが、改めて「文字にする」という作業の中で、見えてきたものがいくつもありました。「自分はこういうふうに考えていたのか」「周りとこうやって関わってきたのか」といったことを改めて理解することは、とてもありがたい作業だったな、と感じています。

　自分の父や母のことをさかのぼって思い出している中で、だいぶ前に逝去した父の声や言葉まで思い出したことは、家族や自分と向き合う作業で得た、思わぬ収穫でした。他にも、小学校、中学校時代、田舎の風景など、東京の雑踏でのあわただしい日々の中で忘れていた、たくさんの懐かしい感覚を思い出すこともできました。

友達のこと、演劇を始めた時の仲間とか……思い出すことがなかった人々が、どんな声音で僕に話しかけてくれたか、といったことも思い出され、じんわりと温かいタイムトラベルをしてきた感覚に溢れています。

そんなありのままを記しましたが、果たしてこれがみなさんにどのように伝わるか、僕にはちょっとわかりません。さまざまな引き出しから数多くの物事を出してきたので、ある意味では混沌とした自分像になっているかもしれません。ただ、その中に一貫しているもの……仕事に対する自分の想い、誠実に向き合う姿勢など、そういうものを感じ取ってもらえたらありがたいな、と思います。ジャンルは違えども、人生で向き合う困難は同じだと思いますし、声優になりたいと思っている方々は、これを読んで何らかの参考にしていただければとも思います。僕としては、演技に対する真摯な姿勢などをこれから声優を目指す方々にも役に立てていただければ幸いです。

目次

第一章　芝居に目覚めた青春時代

ガキ大将が学校の健康優良児に

まだ太平洋戦争の影が色濃く残っていた一九五八（昭和三三）年八月二日、兵庫県高砂市にて速水奨さんは誕生している。ただ、別の土地で生まれた速水さんのお父さんは、数多くの苦労を重ねたうえで兵庫に移住してきた身だった。速水さんのお父さんはそこで結婚し、速水さんをはじめとする三人の子供に恵まれたという。

ご存知の方も多いかと思いますが、僕は兵庫の出身です。ただ、僕の父は沖縄の生まれでして。太平洋戦争の時、父は憧れだった少年飛行兵に志願して、鹿児島に渡航しているんです。その後、茨城の霞ケ浦へ異動になって。そこでは特攻隊として出撃する人々を見送ったりしていたという話です。

終戦の時、父は東京の八王子にいて、そこで軍が解散になったらしいんですね。でも、父には故郷の沖縄に戻るつもりはなかった。当時、大阪や兵庫に沖縄出身者が多く集まっていたので、軍を離れた父は兵庫に向かったそうです。

なぜ父が沖縄に帰らなかったかというと……、日本が無条件降伏をした直後も、沖縄では戦闘が続いてましたからね。生き別れた家族も、もう誰も生き残ってはいないだろう……。父はそう考えて、兵庫で新たな人生を歩もうと決めたそうです。

とはいえ、当時の父には、兵庫にこれといった伝手があったわけじゃないんです。それでも父は米屋での仕事を見つけることができて。そこに住み込みで働きながら、代わりに旧制中学、今でいう高校に通わせてもらえることになったんです。

兵庫で暮らし始めた頃、父はとにかく言葉で苦労したらしいですね。沖縄で小学生の頃に標準語を覚えさせられたそうなんですけど、この標準語が兵庫では浮いてしまったとかで。兵庫で生きていこうと決めていた父は標準語を捨てて、関西弁を必死になって勉強したと言います。おかげで晩年の父はネイティブな関西弁をしゃべってましたね。標準語はおろか、沖縄方言もまったく出てこなくなっていたほどでした。

米屋で働いていた頃、父が通ってた学校の近くに女学校があったそうで。その女学校に通っていた生徒の一人と縁があって知り合いになり、やがて二人は結婚しました。その時の父の相手が、僕の母になるわけです。

高校を卒業して母と結婚したあと、父は米屋を離れて公務員になりました。役所での新しい仕事は納税係です。

もしかしたら楽なデスクワークと思う方がいるかもしれませんが、当時は税金を収めない人がけっこういたらしくて。父は怖い思いを何度もしたそうなんですよ。時には包丁を突きつけられながら、「お前、俺から税金を取るのか!!」って脅されたこともあったそうです。

少し話はそれますが、終戦から七、八年ほど経った頃のことですかね。戦争で亡くなったと思ってた母や妹たち、僕にとっては祖母や叔母たちが生きていることがわかって。祖母はしばらく兵庫で父たちと暮らしていたらしいんです。でも、僕が生まれた頃には沖縄に帰り、最後は自分の故郷で亡くなりました。ちなみに父の父、僕にとって祖父にあたる人物は戦死したそうです。

ただ、父は祖母たちと再会したあとも、沖縄には戻らなかったんですよ。自分にはもう故郷がない、トラディショナルなものは捨ててきた……。父の中ではそんな思いが強かったようです。それに当時の沖縄は米軍の占領下にありましたから。沖縄に渡るとしてもパスポートが必要というような、戦後の名残りが色濃く残っている状況です。だからこそ、父は兵庫に残ることを選んだのかもしれませんね。

そんな中、僕は三人兄弟の末っ子として生まれました。

僕が幼い頃の家庭は、ごく普通の公務員の家だったという印象ですね。覚えているのは、父はとにかく大酒飲みだったということ。酔っ払って帰ってきた時の父のおみやげといえば、乾いてガビガビになった海苔巻きで（笑）。夜中に同僚を連れて帰ってくると、寝ている僕たちを叩き起こして、よく息子自慢をしていたものです。

僕たちの家の周りは静かな田舎でしたから、酔っ払った父の歌声が一キロくらい先から聞こえてくるようなこともありましたね。

公務員として働いていた父には、他にもコンプレックスがあったらしくて。それは自分には親がいなくて、大学に進めなかったということ。自分より能力が低いのに、大学を出ているというだけで出世していく。酔った時、父はいつもそんな愚痴をこぼしてました。

でも、酒に酔うのはあくまで夜だけ。昼間はしっかり働いていたようです。僕が生まれてからは、県議会での知事と議員の質疑応答を原稿にしていたらしくて。それをきっちり五時までに終わらせて帰ってきてましたから、仕事はできたんじゃないかと思います。ただ、父は休みの日になると、とにかく酒を飲んでばかり。おかげで僕たち兄弟は、どこかへ遊びに連れていってもらった記憶がほとんどないんです。代わりに二人の兄や友達とよく遊んでましたね。当時は上級生から下級生まで、みんなで一緒に遊ぶのが普通でしたから、出かけられないといって淋しい思いをすることはありませんでした。

僕たち三人の兄弟は同じ環境で成長してきたとはいえ、面白いことにタイプがまったく違いました。上の兄はとても勉強ができて、住んでいた地域で一時は神童と謳われたほどなんです。一方で少々変わった部分もあって。プロの棋士を目指したり、県内でも有数の進学校を目指したりしてました。上の兄としては、田舎の狭い世界から飛び出したいという気持ちがあったのかもしれません。

一方の僕といえば、幼い頃から文字どおりケンカが強いガキ大将タイプ（笑）。次兄は長兄と僕の間に立ってバランスを取るような役割を担ってて、子供の頃から兄弟の中で一番普通の人間だったといえるかもしれません。

当時、なぜ僕がそんなにケンカが強かったかというと、毎日片道二キロ以上の道のりを歩いて幼稚園に通ってたからだと思うんですよ。自宅から兄たちの通う小学校まで二キロほどで、そこからさらに三～四〇〇メートルほど先に僕の通う幼稚園があって。小学校までは兄たちと一緒に行き、そこから先は一人で幼稚園まで歩く。これを毎日続けるわけですから、体が強くなるわけです。

もちろん、僕にも苦手なものがありましたよ。僕はとにかくスキップができなかったんです。今では僕もスキップができるようになりましたが、そうなってから考えてみると、当時の僕は頭で考えすぎていたんじゃないかなって思うんです。まずは右足を出して、続いて左足を出したあと、次に右足はどう出したらいいんだろう。その時、上半身はどう動かしたらいいのか……。体を動かしながら、そんなことを考えてましたから、スキップがぎこちなくなっても仕方がないですよね（笑）。

とはいえ、その頃の僕は背が高くてケンカの強いガキ大将という存在でしかなくて。それが小学二～三年生くらいになると、なんとも生意気な話ですが、「俺がずっと前に立つ戦士じゃダメだろう。人を使ったほうがいいな……」という考えに変わってきたんです。そのくせ一年生の頃から学級委員長を務めていたから、いざという時は先生が味方してくれる。そんな、ちょっと珍しいタイプのガキ大将でしたね。

小学時代の僕は学芸会があると、いつも主役を任されるような子供でもあったんです。これは決して僕から主役をやりたいと言ったわけじゃないんですよ（笑）。当時はみんな引っ込み思案で、誰も主役をやろうとしない。それで先生から「君だったらできるね」って主役に抜擢されたからなんです。だから僕のほうも自然と「学芸会の主役はそうやって決めるものなんだ」って思ってましたね。

今になって考えてみると、僕にはどこか人の前に立つ資質があったのかもしれませんね。あまり勉強をした記憶はないんですが、体は強かったし、さまざまな役割を任されたりしたんです。おかげで、六年生の時には健康優良児にも選ばれているんですよ。

ただ、僕は決して運動神経が抜群だったわけじゃないんです。せいぜいクラスで二〜三番手といったところ。当時は水泳をやってて、市の大会が行われた時に背泳ぎで二位か三位に入った記憶があります。背泳ぎのできる子供が五人ほどしかいなくて、いきなり決勝というような大会で、でしたけどね（笑）。

その頃の僕が、というか男の子たちが夢中になってたのが相撲と野球、そしてプロレスです。特にプロレスはみんなが大好きで。兄たちだけでなく、上級生たちからもプロレスの技をよくかけられましたね。もしかしたら、それも僕の体を鍛えてくれた要素のひとつかもしれません。相撲と野球については、野球選手や力士のメンコ集めに熱中し、友達とよくメンコを取ったり取られたりしたものです。

ちなみに、僕が声変わりしたのは小学五年生の冬休みのことでした。その時、僕は冷たい風が吹きすさぶ中、毎日のように凧あげをして遊んでまして（笑）。声がかすれてきても、「風邪でもひいたかな」くらいにしか思ってなかったんです。そうしたら、ある日、声がまったく出なくなってしまって。それが一週間ほど続き、やっと声が出た時には一オクターブ下がってました。つまり、今の声になってしまったというわけです。

今となっては「渋い声だ」って言ってもらえますが、小学生が今の僕と同じ声でしゃべっている姿を想像してみてください。おかげで、当時の僕は「その声、どうしたの？」って、よくからかわれたものです。

ちなみに声変わりしたあとの僕の声は、実は父の声とそっくりで。今考えると、父は低音で、けっこういい声をしていたんですね。ただ、声がよくて、音程も決して悪くなかったとはいえ、毎日のように聴かされる歌には閉口しましたが（笑）。

中学生になってから、僕はバレーボールを始めました。それまで少年野球を少しだけやってて、本当は野球をやりたかったんです。でも、中学野球は硬球でプレーするものだと勘違いしてしまいまして（笑）。「硬球だと当たったら痛いだろうなぁ」ということで野球は諦めて、バレーボールにしたんです。母がかつてバレーボールをやってたことや、次兄の親友がバレーボール部のキャプテンだったことも決め手のひとつでしたね。

あと、僕が中学生だった頃、来たるミュンヘンオリンピックに向けて、スポーツを題材にしたドラマやアニメが数多く放送されていて。たとえば、サッカーを題材にしたアニメ『赤き血のイレブン』、水泳が題材のドラマ『金メダルへのターン!』、女子体操選手を描いたドラマ『決めろ！　フィニッシュ』など、とにかく多かったんですよ。

当時は実業団の強豪チームが多かったし、オリンピックでもメダルが期待されていたから、中でもバレーボールを題材にした作品が目立ってて。ドラマでいえば『サインはV』、アニメだと『アタックNo.1』があって、全日本男子バレーボールチームの軌跡を実写とアニメを交えながら描いた『ミュンヘンへの道』という作品もあったほどでした。

その頃は女の子がアイドルよりもバレーボールの選手を追いかけるような時代だったので、バレーボールをやっていればモテるかもしれないという下心は正直ありました（笑）。もちろん、バレーボールを始めた理由はそれだけじゃないですよ。スパイクを打つ選手の姿に心惹かれたのもきっかけのひとつでしたし（笑）。

ただ、中学時代の僕は思ったほど背が伸びなかったんですよ。二年生の時に一七三〜四センチまで伸びましたが、それが精一杯。高校生になってすぐにバレーボールをやめてしまいましたが、あと一〇センチ伸びていれば、続けていたかもしれませんね。

中学時代、僕には大きなライバルがいたんです。それは学校の体育教師。当時の体育教師ほど、僕にとって理不尽な存在はいませんでしたね。いつも「こいつはーっ!!」って闘志を燃やして、昼休みになると腕相撲を挑んだものです。そしていつかは体育教師に勝ち、覇権を握ってやろうと思ってました。それも中学時代の懐かしい思い出のひとつですね。

勉強については、僕個人としては小学生の頃から「わりとできたほう」という程度の認識しかなかったんです。なぜなら、長兄があまりにできすぎたから。僕はそんな長兄といつも比べられて、ほめられた記憶がないんです。

実際には、僕の通信簿は五段階評価で「四」が四科目ほど。あとは「五」という感じでしたね。でも、長兄はオール「五」が当たり前。おかげで母に通信簿を見せても大した感動はなく、むしろ「もうちょっと勉強したほうがいいわね」って言われるような始末なんです。だから、勉強してもご褒美がもらえないし……という感覚が根強かったんですよ。

ちなみに、中学時代の僕の勉強方法といえば、試験前の一夜漬け。一教科三時間と決めて、とにかく勉強しました。おかげで深夜三時までということもざらで。ただ、普段の授業の内容を覚えていて、一夜漬けでうまく取り繕うことができたんです。そのおかげで成績を残せたんじゃないかと思いますね。

そういう意味では、僕は要領のいい少年だったんじゃないですかね。「こういう顔をしたら、大人は喜ぶんだな」ということが僕にはわかってましたから。これといった反抗期もなかったし、親に対して暴言を吐いたりもしませんでしたしね。

変化の伏線となった『山月記』

勉強もこなしつつ、小学生の時にはケンカであり余る体力を発散し、中学生になるとバレーボールに夢中になっていた速水さん。高校時代には将来に大きく影響する存在と運命の出会いを果たす。そして、今につながる行動を起こしていく。

中学卒業後、僕は地元の公立高校に進みました。当時は兵庫方式という進学ルールがあって、中学二年生の途中から三年生の二学期までの通信簿の成績で偏差値が決められるんです。だから体育や音楽、美術でもいい成績を残さないとレベルの高い公立高校には行けない。逆に、各科目でまんべんなくいい成績を残しておけば、受験しなくてもレベルの高い公立高校に入ることができたんですよ。

進む高校を選ぶ時、僕にはふたつの選択肢があって。ひとつは、僕が実際に選んだ高校よりも偏差値が若干高くて、地域では一番レベルの高い高校。でも、僕はその高校を選ばず、兵庫県立加古川東高等学校に進むことにしたんです。なぜなら、兄たちも通ってたし、自転車で通学できたから。ちなみに、ここは父の母校でもありました。

結果、二人の兄とは幼稚園から高校まで、すべて同じところに通うことになってしまった(笑)。おかげで学生時代は「ああ、あいつの弟か」ということで、いじめられたりしたことはなかったですね。むしろプレッシャーなどまったく感じない、苦労のない時間を高校卒業まで過ごせました。

高校時代、僕にとって大きな出会いがふたつありました。能と演劇です。

先に出会ったのは能でした。一年生の時、学校で芸能鑑賞会があって、そこで能の『隅田川』が演じられたんです。不思議なことに僕は能に面白味を感じて、謡曲を習うことにしたんですよ。もしかしたら面や装束の独特さや、朗々と謡い上げる演者の姿に惹かれたのかもしれません。または、初めて接する古典芸能にカルチャーショックを受けた可能性も大いにありますね。

それまでに映画やテレビで歌舞伎などを観たことはありましたよ。でも、それはあくまで一部のエッセンスを目にしただけでしかない。全体を見渡せたのは、その時の能の舞台が初めてだったんです。室町時代から受け継がれ、無駄を一切省いた動きで表現する、誰もが理解できるわけではない世界。当時はそれほど深く考えていたわけではありませんが、低い声で朗々と謡う能という舞台を、僕は純粋に「おお、これはすごいな」と思ってましたね。

今考えると、そう感じる伏線があったんです。中学時代、国語の授業中に狂言師が朗読する中島敦さんの『山月記』を聴いたことがあって。その時、声が低い自分でも何か表現できるんじゃないか、できたら楽しいだろうなぁ、なんて思ったんですよ。

その思いがより強くなったのが、初めて能と接した時だったんでしょうね。自分が能をできるようになるとはさすがに思いませんでしたし、もちろん声優になろうと考えていたわけでもなくて。それでも自分を衝き動かす何かに従って謡曲を習うようになったし、世阿弥の『風姿花伝』を読んだりもしたんです。

僕が住んでた兵庫はお笑いに接する機会が多い地域でしたから、周りにはお笑い芸人になりたいと言ってる子もいましたね。でも、当時の僕はお笑いがあまり好きじゃないし、観るとしたら松竹新喜劇にいた藤山寛美さんや小島秀哉さんの正統派喜劇くらい。あと、僕は幼い頃から兄たちの使ってた播磨地方の播州弁も苦手で。そういった、小さい頃から周りの子供たちとはちょっと違う意識が、僕を能に惹きつけたのかもしれませんね。

演劇に興味を持つようになったのは、青年座の『写楽考』という舞台で西田敏行さんの演技を観たのがきっかけです。その頃の僕は高校一～二年生で、バレーボールをやめて演劇部に入部してました。

当時は劇作家の別役実さんが人気で。僕の所属する演劇部でも不条理演劇、いわゆるアングラ系の芝居が流行ってたんです。でも、僕の印象としてはエンターテインメントとして確立されていないという感じ。「あっ、こういうのがいいのか……」と少々がっかりさせられた記憶がありますね。

僕自身、実は高校演劇を面白いと感じたことはないんですよ。コンクールで優勝する芝居を「これが一番か……」って思うような感じでしたから。もともと演劇部には「うちにかわいい女の子がいるよ。お前、ちょっと出てくれない？」「お前、背が高いから来いよ」と誘われて入ったようなもので。だから、後に僕は部長を任されはしましたが、決して熱心な部員ではなかったですね（笑）。部活がぬるいから、いつしか僕は本気で舞台俳優になりたいと思うようになりました。

そして、上京する資金を稼ぐため、三年生の夏休みから果物屋でのアルバイトに一生懸命でした。

進学しないで演劇の道へ進むことを望んだわけですから、自分でその資金を貯める必要があったんです。

ただ、学校の進路面談では、適当な志望校を提出していました。三年生の夏休み以降、学校に行くとしたらアルバイトが休みになる水曜日くらいでしたけど（笑）。そのおかげで資金は四〇万円以上貯まりました。

その頃お世話になり、今もお付き合いのある恩師の先生から、「お前、あの時は大変だったんだからな」って今でも冷やかされますよ。代わりに週に一回だけ登校する時、僕は珍しい果物を持っていったりしたんですけどね（笑）。

当時、四五〇人いる同学年のうち、進学しない生徒はほんの僅か。その一人が僕です（笑）。でも、先生方は僕の目的を理解してくれて。「そんな珍しいことをやる奴はいないから、まあ頑張ってみろや」って大目に見てくれてました。

具体的な進路を決める時、僕としては初めから青年座に入るつもりでいたんですけど、実は父の縁で別の劇団に入る伝手もあったんです。その劇団の偉い方が僕の実家にまで来てくれて、自分たちの活動をレクチャーしてくれたこともあって……。でも、その劇団には太鼓や日本舞踊など古典的なことをやりながら全国を回ったり、劇団自体に独特の色がついてたりしたので、僕にはそこに入るつもりはありませんでしたね。

その頃といえば、七〇年代の安保闘争が終わったばかり。その流れが色濃く残ってました。よど号ハイジャック事件や、あさま山荘事件などが起きたのもこの頃でしたし。演劇を政治活動として捉えたり、髪の毛を伸ばしてフォークで反戦歌を歌う。そんな時代でした。

でも、僕は当時から演劇で世の中を変えられないと考えていて。だからこそ、当時の流れは僕にとって違和感があるというか……。

そんな中で、僕は進む先として青年座を選んだんです。もちろん、西田敏行さんに対する憧れもありましたが、他にも現実的な理由もあったんですよ。

いろいろ考えてさまざまな条件がマッチした青年座研究所の夜間部に進むことにしたんです。昼間働きながら芝居を学べることも、青年座を選んだ理由のひとつでしたね。

第二章　声優の道へ

悩み多き劇団員時代

高校を卒業すると、速水さんは上京して役者になる道を選ぶ。日々の生活に追われる中、高い競争率を突破して誰もが耳にしたことのある劇団四季への入団を決める速水さん。しかし、そこで痛感したのは自分で選んだ道に対する疑問だった……。

やっと高校を卒業して、いざ上京となったわけですが、アルバイトで貯めた資金は引っ越し先のアパートの敷金と礼金を払った段階でほとんど消えちゃったんです。実は上京資金で少々遊んでしまったのも原因なんですけどね（笑）。とはいえ、やっぱり痛かったのは引っ越し費用ですよね。

僕が上京した頃は、今のような小口の引っ越し業者はありません。だから、荷物を持っていく時は深夜バスをフル活用ですよ。やめておけばいいのに、僕はたくさんの本を持っていきたくて、大きなスーツケースに本を詰めて東京に向かったんです。でも、一回の移動だけじゃ全部の本を運びきれなくて、結局は神戸と東京の間を三往復もしました。

その頃、深夜バスは夜の一〇時に神戸を出発して、東京には朝七時くらいに到着するんです。だいたいは寝て起きたら東京というパターンでしたけど、時には三回ある休憩の際にサービスエリアで僕もひと息、なんてこともありました。

確か、三ヶ日インターチェンジ付近のサービスエリアだったかな。夜中でしたけど、お腹が空いちゃって。そこの食堂でうどんを頼んだんです。そうしたら、出てきたうどんの汁が真っ黒。僕は「これが関東式か‼」って思わず驚いちゃいましたよ（笑）。

関西人は関東式のうどんを「あんなの、うどんじゃない」ってよく言いますよね。でも、その時の僕はめちゃくちゃおいしく感じられて。おかげで「東京に行っても、なんでも食べていけるな」ってホッとした記憶があるんです。ささいなことですけど、これは新天地での生活を始める僕にとって、非常に大きな励みになりましたね。

ちなみに、上京した僕が最初に住んだ町は川崎です。父の従姉妹で、僕たち兄弟が「おばさん」と呼んでいた方にアパートを探してもらって、そこに引っ越したんです。

その頃の川崎はとにかくワイルドの一言（笑）。当時は国鉄だった川崎駅に初めて降りたのは二月の夜で。構内はコンクリートの打ちっぱなしだし、そこでホームレスの人たちが焚き火をしてる。それを見て、僕は強烈なカルチャーショックを受けました。

僕が子供の頃、神戸の三宮駅あたりの高架下には闇市のような場所があって。そこは片方の靴しか売ってないようなワイルドな露店ばかりだったんです。でも僕はそこで怖さを感じたことはなかったんですけど、川崎駅周辺はひと味違いましたね。

川崎駅の近くには競輪場があったし、川崎球場の周辺もガラが悪い。いかがわしい雰囲気の店ばかりです。自分が足を踏み入れた町に対して、「怖いな」って思ったのはあれが初めてでしたね。

京急川崎駅も同じような雰囲気だったんですけど、僕が住むことになったアパートは国鉄の川崎駅から南武線で三駅ほどのところにあって。そこはどこにでもあるような郊外の田舎町という感じで、安心したのを覚えてますよ。

一人暮らしが始まった時、最初に思ったのは「六畳ってこんなに広いんだ」ということです。初めての一人暮らしなのに、ホームシックじゃなかった（笑）。まあ、新居となる部屋は六畳一間と、台所のある二畳くらいの板の間、他にあるのはトイレくらいで。もちろん風呂なんて贅沢なものはありません。いかにも昭和時代の安アパートといった雰囲気の部屋だったんです。

そこに僕が持ち込んだものといえば、テレビとこたつくらい。あとは衣類を入れるファンシーケースをひとつ作っておしまいです。大量に持ってきた本は押し入れにしまいこみましたから、こたつを壁に立てかけてしまえば他には何もない。広々とした殺風景な部屋を眺めながら、「畳六枚が全部見えるなぁ」なんて、よく思ったものですよ（笑）。

確かに淋しい部屋でしたけど、淋しさよりも寒さが厳しくて（笑）。僕の部屋は一階だったので、床や畳は固くて寒々しい。おまけに、引っ越してしばらくの間はカーテンもなかったから、新生活は寒さとともに始まった感じですね。

東京に来た僕が最初にしたことといえば職探し。夜は青年座研究所に通わないといけませんから、昼間に働ける職場を探したんです。その時に見つけたのが浜松町にあった小さな貿易会社。社長のお父さんはわりと大きな玩具メーカーの創業者で、アメリカにメイドインジャパンのおもちゃをたくさん売って財をなした方らしくて。その息子の貿易会社の社長は、いわゆるひと山当てることを夢見る方だったんですよ。

僕が働くことになった貿易会社を立ち上げる以前にも、社長は会社を作っては潰すことを繰り返していたようで……。僕が入った貿易会社では、喫煙具をフランスから輸入しようとしていたんです。それは口を開けたマネキンのような人形で、口に煙草を差し込むと煙を吐き出す。社長はそれをパリを旅行した時に見つけたらしくて。「これを日本で売りたい」と意気込んでました。僕は「この金型を作れるところを探せ。これを持って行ってこい」って指示されて、東京の葛飾区にある立石によく行きましたね。

社長からは「金型はできたか?」ってせっつかれて、とりあえず石膏で試作ができると今度は「できたやつを持ってこい」。そのとおりにすると「これじゃダメだ」と言われ、「別のところに行ってこい」。その頃の僕に出る指示といえば、とにかく「行ってこい」ばかりでしたね(笑)。おまけに結局は商品化しない。商売については素人とはいえ、さすがに僕も「大丈夫なのかな……」って不安でいっぱいになりましたよ。

正直、先が見えない商売だったのに、その貿易会社はあるホテルの一室をオフィスにしていて。社長は男性なのに、昼間からネイルサロンに入り浸り。営業部長はとにかくパチンコに夢中で、仕事をサボることしか考えてない（笑）。おまけに、その営業部長は渋谷のスクランブル交差点にある中華料理屋のシュウマイが大好きで。勤務中なのに仕事とは関係のない渋谷に出向いては、そのまま直帰しちゃうんです。まあ、僕も営業部長に渋谷でよくシュウマイをごちそうになったんですけどね（笑）。

他にもいた女性の事務員は、話題といえば自分の男性遍歴ばかり。その方に「社長の愛人じゃないんですか？」って尋ねたら「違う」と答えてましたけど……、本当のところは僕にもわかりません（笑）。そんな環境で働いてましたから、一八歳の僕はどんどん大人びていっちゃう。今考えると、あの時に会社の人たちを題材にしたシナリオを書いておけば……なんて思えるほど、その貿易会社には面白い人たちがいましたね。

先ほどもお話ししたとおり、この貿易会社はホテルの一室にオフィスを構えてて。超一流ではないにしても、しっかりしたホテルでしたから、賃家はかなりの額だったと思いますよ。ちなみに、大卒の初任給が一一～一二万円だった当時、僕の月給は八万円。家賃が一万六千円でしたけど、交通費は支給されましたし、営業部長からはよくシュウマイをごちそうになってましたから（笑）、決して悪い職場ではありませんでしたね。

この会社では、本当にいろいろな経験させてもらいました。社長のお父さんが亡くなった時に社葬をすることになって、生まれて初めて青山斎場に行ったんです。社葬の間、僕が任された仕事は車で来場された方々の駐車整理。大手玩具メーカーの創業者ですから、その数はかなりのもので。僕は笛をピーピーと吹きながら「お葬式でこんなに人来るんだ」って思ったりしてました。

お父さんが亡くなった時、社長が手にしたのは莫大な遺産だったでしょうし、だからこそ何も生み出さない放漫経営でも会社は大丈夫だったんじゃないかと思います。ただ、愉快な会社ではありましたけど、まともな職場とはとても言えませんよね。

当時、社長の大学の同期に、リコーの下請け会社を営んでいる社長がいて。それに父の従姉妹はリコーの社員で、その下請け会社の社長と顔見知りだったんです。そんな奇妙な縁が重なって、僕は貿易会社から出向という形で職場を変えることになったんですよ。

新しい職場は茨城の取手や筑波の先で。川崎を出たら途中で常磐線に乗り換えて、最寄り駅からはバスに乗って工場に行ってました。そこでの仕事は学研に納めるための、新幹線の模型の塗装です。

貿易とはかけ離れた仕事に、当初は「俺、何やってるんだろう」って思ったものでしたねぇ。でも、貿易会社にいた頃よりは、明らかに仕事としてしっかりしてる。模型を塗装すれば「あぁ、新幹線ができてくる」って実感できましたし、ちゃんとマスキングしないで塗装すると「ずいぶんはみ出してんなぁ」って、自分なりにこだわりも出てきましたしね。

その工場では夕方まで働いて、夜になったら代々木八幡にある青年座研究所です。東京までは二時間弱かかりましたから、四時半には工場を出られるようにしてもらったんですよ。それで夜は青年座研究所で練習をして、終わったら仲間たちと少し遊びに行く。翌朝は六時に起きて六時半の電車で工場に向かうんです。そんな毎日は確かにしんどかったですけど、一方で面白い日々でもありましたね。

本来の目的である青年座研究所のほうはというと……、夜間部ということもあって、いろいろなタイプの人と知り合えたことが大きかったですね。劇団入りを目指す人ももちろんいましたけど、僕のように昼間は働いていた人も多かったし、映画監督を目指している人もいました。中には劇団四季が異常に好きだという集団もいたんです。

当時、劇団四季は参宮橋にあって、青年座のある代々木八幡からは小田急線でひと駅なんです。ある時、劇団四季の劇団員の方が、演劇についての勉強会を開くことになって。劇団四季が好きな集団に誘われて、国立オリンピック記念青少年総合センターで行われる勉強会に僕も参加したんです。

その会に何度か参加しているうち、会を主催している方が僕のことを気に入ってくださって。「劇団四季を受けないか?」って声をかけてくれたんです。それで僕は劇団四季の養成所試験を受けることになったんですよ。

試験には二〜三〇〇人くらい受験者が集まりましたかね。その中で受かったのは二〇人くらい。声をかけてくださった方のおかげもあって、僕も受かることができたんです。ただ、僕はそれまでに歌や踊りを習っていたわけじゃない。一方で周りは三歳からバレエをやってた子たちばかりですよ。

当時の劇団四季は鹿賀丈史さんや市村正親さんたちがスターとして輝いていました。劇団の路線が徐々に変わりつつあった時期でもあったんですよ。ちょうど劇団四季がブロードウェイの作品の権利を得て、日本で上演する形態を始めた頃です。

そんな中で、僕は踊れないし、声楽なんて習ったこともない。譜面も読めなかったので、とにかく苦労しましたね。

そのうえ、二か月に一回ほど査定があって、歌や台詞、発声などが試されるんです。そこで基準点に達していないと、すぐに切られてしまう。一年のうちにみんなで勉強するというよりも、さまざまな技術を試されて、どんどん人がふるいにかけられていくんです。だから、その時期は僕の中でとにかく厳しかったという記憶しかないんですよね。

そこで教師を務めるのは、ダンスにしてもボーカルにしても日本で一流の方々ばかり。そんな先生方に教わりながら、査定をなんとか乗り越えていたんですけど……僕はある決断をするんです。それは劇団を辞める、ということでした。

その頃、僕は劇団の中で自分が見えなくなってて。当時の僕としては、新人の中で自分が台詞を一番うまくしゃべれる自信がありましたし、実際にそういう評価も受けてました。それなのに、しゃべる力を活かせる場がなかったんです。

当時、劇団四季が『コーラスライン』をやることになって、アメリカから振付師が来日してたんです。僕らがやることといえば、振付師から受ける『コーラスライン』のダンスレッスンばかり。だから、台詞をしゃべる機会なんてないんです。

僕が劇団四季にいた頃は、男性劇団員があまり多くなくて。劇団研究生、準劇団員、劇団員と上がっていくシステムの中で、普通に頑張っていれば劇団に残れたと正直思います。でも、何のために自分は田舎から出てきたのか。これが自分の目指しているものなのか……。そう考えなおした時、違うなという結論に達しちゃったんです。同時に「これしか演劇がないんだったら、演劇はもういいや」という考えになってしまったほどで……。自分の中で「もっとこれがやりたい」という熱意は失せて、これからの選択肢がなくなった感じでしたね。

結局、僕は退団しました。そのあとで僕が精を出したことといえば、レストランでのアルバイトです。蝶ネクタイをしてサービスを提供する仕事で、時給は一五〇〇円。正月に働くと月に四〇万円以上稼げたんですよ。収入はいいし、仕事自体も面白い。「俺、もう一生これでいこう」って、レストランで働きながら本当にそう考えてましたね。

きっかけは声優コンテスト

速水さんは劇団四季を離れ、レストランでのアルバイト中心の生活に移行。そんな時、速水さんはあるコンテストの応募要項を目にする。それが人生を大きく左右する出会いになろうとは、当時の速水さんは思っていなかったかもしれない……。

あれは本当に偶然ですね。アルバイトに一生懸命だった時、たまたま知った声優コンテストに、ふと応募してみようと思ったんですよ。それはニッポン放送が主催する『アマチュア声優・ドラマ・コンテスト80』です。目的はずばり、副賞の一〇万円（笑）。「一〇万もらえたら嬉しいな」、ただそれだけの気持ちでコンテストに臨んだんです。

ただ、そのコンテストはアマチュア向けで。多少なりとも芝居の勉強をした僕が参加するのはずるいかな、という考えもあったんです。一方で、相当の応募数だろうから残るはずもないだろう、そんなふうに軽く考えてましたね。

そうしたら、予想に反して書類選考を通っちゃったんですよ（笑）。書類選考の課題として、男性にはアニメ映画『１０００年女王』の少年役の台詞が出されてたんです。それをテープに録音して応募するんですけど、僕には少々厳しい課題で……。これじゃ勝ち目はないと思い、自分で考えた台詞を三パターンほど録音して、送ったんです。そうしたら、書類選考を通ってしまった（笑）。

これはあとになって聞いた話なんですけど……。選考スタッフはラジオドラマ『夜のドラマハウス』などに携わるライター集団で、彼らは送られてきたテープをずっと聴き続けるわけです。さすがに三万本にも及ぶテープを聴いていると、途中で正直嫌になってくる。すべてのテープが課題として出された同じ台詞だし、しかもアマチュア。うんざりするのも仕方のない話ですよね（笑）。

ぐったりしながらテープを聴き続けていると、たまたま課題の台詞をしゃべってない変なテープが出てきた。僕が送ったテープです。「これ、面白いじゃない。ちょっと聴いてごらんよ」ということでピックアップしてもらって、僕は関東大会に進むことになったんです。

関東大会は、審査員の前で課題の台詞をしゃべるオーディションです。この段階で参加者は何十人かに絞られていたんですけど、僕はこの大会も突破することができて、トントン拍子に全国大会への出場を決めたんです。

全国大会の会場は日比谷公会堂です。審査員は永井一郎さんや小原乃梨子さん、戸田恵子さんという、そうそうたるメンバーで。その頃といえば第二次声優ブームの真っ最中。だから、会場には一〇〇〇人もの観客が集まってましたね。その中で僕はグランプリを獲得して。全国大会はフジサンケイグループの主催で、会場には新聞社の記者も来てましたから、翌日の新聞にはトロフィーを持っている僕の写真がちゃんと掲載されてましたよ（笑）。ただ、僕としては「やった!!」というよりも、「あ、獲れちゃった……」っていう感覚しかなくて。逆に申し訳ないくらいでした。

副賞の一〇万円は使い道をいろいろ考えていたはずなんですけど……。結局はお店を借り切って、アルバイト仲間と一晩で飲みきっちゃいました。けっこうな高さのあったトロフィーも、いつの間にかなくなってしまって……。だから、本当にグランプリを獲ったのかと思うくらい、何も痕跡が残ってないんですよ。今となっては、「あれは俺が自己申告している出来事なのかしら？」と思ってしまうほどで（笑）。

グランプリを獲った直後、東京タワーに飾るということでサインを書いたんですよ。驚きながらも楷書で僕の本名を書いて、「汚い字だなぁ……」って思った記憶があります。

他にもコンテストでグランプリを獲得した特典として、僕は映画『１０００年女王』と、テレビアニメ『新竹取物語１０００年女王』への出演が決まって。テレビアニメでは千年盗賊を演じたんです。ただ、今の僕には演じたという以外の記憶がないんですよね。

当時の僕は声優についての知識がまったくありませんでした。だから、収録の時に自分がどこでしゃべっていいのかさえわからない。周りには知り合いの一人もいないし、もちろんマネージャーもいない。スタジオへは迷いながら一人で行って、収録中は自分の出番をひたすら待って、自分の台詞をしゃべったら帰る。本当にそんな感じでしたね。

収録中、各シーンに登場するキャラクターが「〇」で記されている香盤表に、「ガヤ」と書いてあったような気がするんですけど……。当時の僕には「ガヤ」の意味さえわからないから、自分の出番が終わったらさっさと帰りました（笑）。だから、僕のことを誰も覚えていなかったんじゃないですかね。

今のようにインターネットがない時代ですし、再放送をチェックする時間がなかったとはいえ、当時の僕はとにかく不勉強で。そもそもアニメーションを普段から観るようなタイプではありませんでしたけど、あそこまで不勉強な新人を前にしたら、今の僕だったら張り倒しているかもしれませんねぇ（笑）。

アニメにはあまり興味がなかった僕は、『１０００年女王』と言われてもまったくピンとこない。『銀河鉄道９９９』のアニメは毎週ではないにしても、なんとなく観てましたから、松本零士先生のことは知ってます。ただ、『１０００年女王』については、松本零士さんの作品なんだな、という程度の知識しかありませんでしたね。

今となっては恐縮するばかりですが、実は『１０００年女王』を映画館まで観に行った記憶がないんですよ（笑）。エンドロールには僕の名前が出てるはずなんですけど……、それを観た覚えがないんです。

血肉となった新人時代の経験

何気ないきっかけから声優の道へ進むことになった速水さんだが、何も知らない世界だけに当初は苦労の連続だったし、時には挫折も味わっている。しかし、そんな苦闘の中には声優の卵たちにも知っておいてほしい教訓が含まれていたことも、また事実だった。

声優を始めた頃、特に強烈な思い出が残っているのがロボットアニメ『機甲艦隊ダイラガーXV』ですね。この作品に一五人いるパイロットのうちの一人、出雲タツオとして出演したんです。

タツオ役が決まった時、僕は声優コンテストに関わっていたプロデューサーの伝手で飛鳥企画という事務所に入ってまして。そのプロデューサーのプッシュもあったようで、オーディションを通さずに、事務所の方に「『機甲艦隊ダイラガーXV』っていう仕事が入ったから」っていきなり言われた覚えが（笑）。『機甲艦隊ダイラガーXV』にはキャラクターが一五人いますから、僕としては「俺一人いなくても大丈夫だろうし」っていう軽いノリで参加してました。

収録の時、ダイラガーのパイロット役を務める一五人が登場するなんてことは本当に稀で。「今日も、ロボットの頭のほうの人たちだけー」なんてことは当然のようにありましたね。ただ、僕は、番組レギュラーという形で参加してたので、悪役から何からさまざまな役を任されるんです。だから、僕はどちらかというと殺されてばかりいましたね。僕も正義の味方の一人のはずなのに、なぜか顔色の悪い悪党を演じてばかりで（笑）。そのうち「声優はもういいや」って自分の中で諦めが生まれてしまうような始末でした。

ちょうどその頃、僕は病気になってしまい、三週間くらい入院してるんです。僕が入院したことは、共演者の方々は誰も知らなかったんじゃないんですかね。そもそも、僕のほうから事務所のほうに入院先どころか、入院した話さえしてませんでしたから。病院のベッドの上で、「どうせ俺がいなくても誰も困らないだろう」「これでもう終わった。声優の仕事は終わった」という思いでしたね。

当時、僕の仕事はレストランのアルバイトのほうがメインで。そちらのほうがはるかにギャラが高かった（笑）。それに比べて『機甲艦隊ダイラガーＸＶ』はメインキャストとはいえ一五分の一ですし、僕個人としては、収録のためにアルバイトを休むほうがよっぽど痛かった。

「これでひとつのしがらみが消えたな」「アマチュア声優コンテストのグランプリから始まったことも、これで全部終わったんだな」「何気なく応募はしたけど、声優の仕事はなんか違ったな」「共演者とも親しくなれなかったしなぁ……」。入院中はそんなことばかり考えてましたよ。だから、退院したことも事務所には伝えなかったんです。

これは「全部ないことになったな」って自分では思っていた矢先のことなんですけど。自宅に事務所の社長から電話がかかってきて。「あんた、何してんの⁉」と問われて、僕は思わず「えっ？　家にいますよ」って答えたんです。そうしたら社長は「あんた、今日は収録でしょう！」って……。「えーっ⁉　あれ終わったんじゃないんですか？」って驚いたら、「終わってないわよーっ！　今からでもいいから行きなさーいっ！」って怒られちゃったんですよね（笑）。

結局、僕は『機甲艦隊ダイラガーＸＶ』の収録現場に行ったんですけど……。スタジオでは「おう、大丈夫か？」「入院してたんだってな」って話にはなりましたが、誰も僕のことを怒ったりしないんです。むしろ、「お前の役、一回だけあったから、俺が『ラジャー』って言っといたよ。」って、なんとも気楽なノリなんですよ。

このことがきっかけで、共演させていただいてた塩沢兼人さんをはじめとした、僕よりちょっと年上の先輩方と話ができるようになったんですよね。『機甲艦隊ダイラガーＸＶ』には青二プロダクションで活躍していた方がたくさん参加してましたから、その縁で東映が制作する他の作品にも呼ばれるようになって。おかげで「俺も少しずつ新人声優になってきたかな」って思えるようになったんですよ。

当時僕は、アニメ以外にさまざまなイベントにも出演しました。丸の内東映で『宇宙海賊キャプテンハーロック』の上映会を行うことになって、メインキャストの方々が集まって生ドラマが演じられることになり、僕はやられ役として参加しました。

その場には井上真樹夫さんが演じるハーロックだけでなく、野沢雅子さんが演じる『銀河鉄道９９９』の星野鉄郎、池田昌子さん演じるメーテルもいて。その中でやられ役の僕は「うわーっ!」って叫んで終わりでしたけど(笑)。

他にもラジオドラマ『超人ロック』のイベントにも、同じような役割で出演しましたね。そのイベントではラジメーションという試みが行われて。観客のみなさんが会場にカセットデッキを持ち込んで、周波数を合わせてヘッドホンでドラマを聴くんですよ。だから会場にはスピーカーがありませんでした。そこでも僕は相変わらず「うわーっ!」って叫ぶ役です。

主役のロックは神谷明さんや古谷徹さんたちが演じてて。神谷さんが登場すると会場内は「キャーッ!」って黄色い声援に包まれるんです。そんな中で、僕はドラマが始まるとスッと登場して、「ウッ!」と断末魔を一言しゃべり、それが終わったらスッと消える。こんな仕事を一年半くらいやってました。

その頃、神谷さんのお子さんが『忍者ハットリくん』が大好きだったので、主役であるハットリくんの「ニンニン」という口癖を神谷さんが舞台で披露したこともありました。すると会場がドーッと湧く。神谷さんといえば、当時の日劇でコンサートをされるような方ですから、僕はただただ「すごいな、この人。声優ってすごいんだなぁ」と感心するばかり。しかもフリートークも上手ですから、「ここまで達するのは無理だなぁ」ってネガティブな思考に包まれたりしたものですよ。

そんな中で、僕は『超時空要塞マクロス』のマックスことマクシミリアン・ジーナスを演じることになって。実は、マックスは初めてオーディションで受かった役なんですよ。当時、前の事務所を辞め、フリーでした。

初回の収録には「これからどうしよう」って不安になりながら参加したんですけど、そこで声優コンテストの時に審査員をしていた小原乃梨子さんとたまたま再会して。小原さんが僕のことを覚えていてくださってて、「出てきたのね、あなた。今どうしてるの？」って声をかけてくださったんです。僕が事務所を辞めた事情を話すと、「じゃあ、うちに来る？」ということで、翌週にはぷろだくしょんバオバブの社長と会って、事務所に入ることが決まったんです。それ以降も小原さんによくしていただきました。

ちなみに、『超時空要塞マクロス』のオーディションに参加したのは別の事務所のマネージャー、現在は会長を務めておられる方のお誘いがきっかけなんですよ。「ちょっと大きなオーディションなんだけど、君、受けてみるか？」って紹介してくれたおかげで参加できたんです。そのあとで参加した『聖戦士ダンバイン』のオーディションもその方の紹介でしたね。

当時は若手ばかりの勉強会がよく行われてて、さまざまな事務所の人と一緒に学んだんです。特に僕はナレーションを学んでて。勉強会には講師をしてくださるベテランのナレーターだけでなく、たまに所属事務所のマネージャーが見学に来たりもしてたんですよ。そこで「君、頑張ってるね」って顔を覚えてもらうと同時に、その縁で『超時空要塞マクロス』のオーディションに誘われたんです。

そういった勉強会を主催していたのは、当時の僕と同じような新人や若手たちです。誰かが幹事になって教室を借りて、「じゃあ、今回はこの方をお呼びしよう」といった会をあちこちでやってましたね。

現在のシステマチックなワークショップのように、他人が敷いたレールに乗っているだけでは、どうしても人と出会う機会が限られますよね。それにワークショップというパッケージの中に入っていると、なかなか外の世界に目を向けられない。そうじゃなくて、当時の僕たちのように自分たちで能動的に何かを生み出したり、発信していく。これからの時代を生き残るためには、決められた枠からちょっと出てみるのが大切じゃないかと思いますよね。同じベクトルを向いている者同士だからこそ、誰かに気づいてもらえる出会いがあるんです。そんな出会いと巡りあうためにも、自分なりに間口を広げておくことは、決して損にはなりません。むしろ、相手が「あ、あの時の彼か」って何気ないタイミングで思い出してくれて、予想外のチャンスが舞い込んでくるかもしれませんしね。

実際のところ、僕には自ら発信できるほどのマメさはありませんでしたけど（笑）。それでも青年座に入ったのがきっかけで劇団四季のファンと出会いましたし、そもそも四〇万円貯めて上京したのも、今につながるきっかけになってます。繰り返しになりますけど、何事も自分から行動することが大事なんじゃないんですかね。

ちょっと話は逸れますけど、声優業界は本当に厳しい世界なんです。よほど努力しないと生き残れませんけど、かといって僕は「声優は厳しいからやめておきなさい」とは言えないんです。最近は二世の声優も数多く出てきてますよね。今は辞めてしまいましたけど、かつては僕の息子も声優でしたし。僕と同世代の声優仲間とよく話すのは、「子供たちにやめろとは言えないよねぇ」ということ。家でリハーサルをしている自分たちの姿を見ているからなおさらです。

ただ、声優は伝統芸じゃないんです。声優の仕事は毎回違う条件が課されますから。その中で感性というか遊び心が大事になってくるんです。

今、僕は養成所で新人たちを教えてるんですけど、その時に驚かされるのは、知ってて当たり前と思ってる言い回しを新人たちが知らないことなんですよ。それこそ「お前の母ちゃんでーべーそー！」といった言い回しを、今の新人たちは知らないんです。そういう言葉を口にする機会もなく育ってきてるんですよ。

そうなると言葉のニュアンスを伝えづらいですし、独特の言い回しが多い時代劇で役を演じるなんてとても無理です。そうならないためにも、普段から自分の中で「遊びの言葉」や「遊びのフレーズ」のストックをたくさん溜めておくべきだと思いますね。「あの言葉とこの言葉を組み合わせたら、こんなに面白い」といった化学反応を自分の中で起こせないと、声優を続けるのは難しいんじゃないんですかね。

役柄が広がる一方で

事務所を移籍し、声優としての人生を本格的に踏み出した速水さん。まだまだ小さな一歩だったとはいえ、これまでいた世界とは明らかに違う雰囲気の中で、少しずつチャンスをつかんでいく。同時に声優仲間とのつながりを広げていったと思いきや……。

ちょっと話を戻しましょう。

その頃の僕はオーディションだけでなく、別のパターンで役を得たこともあって。『超時空世紀オーガス』の桂木桂役がまさにそうでしたね。これはオーディションじゃなくて、プロデューサーの岩田弘さん、チーフディレクターの石黒昇さんたちが「今度、これをやるから」ということで、僕を桂木役に抜擢してくれたんですよ。岩田さんや石黒さんのように僕を推してくれる方のおかげで、今の僕があるんだとつくづく思いますよね。

実際に声優としての活動を始めてみて実感したのは、劇団四季でやっていた芝居との違いですね。声を合わせるのは知識がないとできませんけど、これは声優の仕事をこなしながら覚えた感じです。何よりも僕にとってショックだったのは、自分が演じた役をオンエアで観た時の、埋めようのない違和感。自分の声はどうしても浮いてるような感じがするんですよ。

その原因は台詞との距離感であり、台詞の頭とお尻のテンションの掛け方です。たとえば、「そうだよ、そう思うよなぁ」という台詞があったとして、ちょっと語尾の置き方を変えることで、自然と声が画に乗ってくる。こういうことは誰も教えてくれませんから、自分で考えて答えを導くしかありませんでしたね。

ただ、当時の僕は自分が声優だという意識はあまりなくて（笑）。一方で『超時空要塞マクロス』のオンエアが終わったら世の中が変わるだろうと思ってたんですよ。

その頃、僕は目黒に住んでて。『超時空要塞マクロス』の放送時間は昼の二時からです。それが終わった直後から、目黒の町を歩く人はみんな僕のことを見るんじゃないか、「あっ、マックスだ！」って言われるんじゃないか……。そんなことを考えてました。もちろん、そんなことはまったく起こりませんでしたけどね（笑）。

ちなみに僕が声優を始めた頃、『ジ・アニメ』『マイアニメ』『アニメージュ』『月刊ＯＵＴ』『アニメック』などアニメ雑誌が何冊もあって。この頃は声優のグラビア記事が出るようになった時期でもあるんです。当時は若手だった水島裕さん、三ツ矢雄二さん、井上和彦さんや麻上洋子さんたちが声優界のアイドルでした。自分も彼らみたいになりたいと思いました。

そして、ぷろだくしょんバオバブに所属した僕は『聖戦士ダンバイン』をはじめ、『機甲創世記モスピーダ』『キャッツ・アイ』『銀河漂流バイファム』など、数多くの作品に出演してたんです。「主人公のライバルを任せるんだったら速水奨だろう」、そんなイメージが定着してきたのもこの頃で。そのきっかけは『聖戦士ダンバイン』のバーン・バニングス役だったと思いますね。この流れは別に自分で意識して作ったわけじゃなくて。当時の音響監督さんたちがライバル役に確固としたベテランを起用するよりも、あえて若手が演じるライバルを求めていた傾向があったからでしょうね。

声優の仕事が増えて交友関係も広がったかというと、実は意外とそれほどじゃないんです。

もちろん、収録が終わったあとで共演者や音響スタッフとはよく飲みに行ってましたよ。たとえば、『聖戦士ダンバイン』の収録は午前一〇時に始まって、午後三～四時頃には終わるんです。それだと昼食を食べる時間がないから、収録が終わると飲み屋に行って、そのまま飲み屋に夜中まで居座ることなんてざらでしたね。

ただ、僕はそこで自分の演技論を披露するようなことはしなかった。もちろん、飲んでいると演技論を持ち出す人はたくさんいました。自分の耳や感性を信じてアニメ業界にいる人ばかりですから、それも仕方がないですよ。だからといって、本音をぶつけ合ったら角が立つだけ。だから、僕は聞き役に回るほうが多かったですね。

酒にちなんだ面白エピソードはいくらでもありますよ（笑）。もうお亡くなりになりましたけど、鈴置洋孝さんとはよく一緒に飲ませていただいて。「もう家に帰れないから」って、鈴置さんが僕の家に泊まりに来たこともありましたね。その時、夜中の二時か三時に僕の家の玄関で「俳協所属です。鈴置洋孝です！」って大声で挨拶を始めて（笑）。あれにはさすがに困ってしまいましたね。

妻と親しくなったのは、ジャッキー・チェンの吹き替えで有名な石丸博也さんと一緒に、ある劇団に客演したのがきっかけなんです。その劇団はぷろだくしょんバオバブの富田耕生さんが主催してて、富山敬さんや緒方賢一さん、キートン山田さんや野沢雅子さんなどそうそうたるメンバーが揃ってました。その中に妻もいたんですよ。客演後、僕は妻と付き合うようになり、そのまま現在に至っているというわけです。

第三章　一人前の声優になるために

厳しさに満ちた声優の世界

速水さんは仕事を増やしていく中で、声優業にも徐々に慣れていく。ただ、一筋縄ではいかない世界だけに叱られることも多かったし、時にはスタッフと衝突したこともあった。理不尽なことも確かにあったが、今とまったく異なる環境の中には学ぶべきこともたくさんあったと速水さんは話す。

話は若干前後しますが、僕が声優として本格的に活動しはじめた頃、ちょっとした金欠状態になっちゃいまして（笑）。なぜかというと、声優業のほうのスケジュールが厳しくなってきて、レストランのアルバイトが思うようにできなくなってきたからなんですよ。

当然ながら、雇う側としては働き手には安定して働いてほしいものですよね。一方で僕としては、声優の仕事が急に入ってくると、そちらを優先せざるを得ない。一週間ほど前から休むことを伝えられれば、雇い主のほうでも対応ができますけど、それが三日前だったりすると相手に迷惑がかかりますし、僕のほうも非常に申し訳ない。僕としてはレストランでずーっと働きたかったんですけど……。そんな希望とは裏腹に、片手間でレストランでは働けなくなるタイミングがわりと早くやってきたんです。

あれは『超時空要塞マクロス』のオーディションに受かるちょっと前のことですかね。当時は『新みつばちマーヤの冒険』の仕事も入ってましたし、僕のプロフィールにも載ってない細かい仕事もたくさんあったんです。

僕はもともとニッポン放送の声優コンテスト出身でしたから、その縁でラジオドラマにもよく出演してて。他にも伊藤つかささんのラジオ番組で、映画のお兄さんという役もやってたんです。この番組では、映画の感想を僕が話すという一〇分ほどのコーナーを任されてて。そのために、映画の試写会には毎週行ってたほどです。

このラジオ番組では、他にも仕事があって。当時、番組内でみつはしちかこ先生の『小さな恋のものがたり』のラジオドラマをやってて、僕はいろんな役で出演していました。余談になりますが、伊藤つかささんの番組の仕事をしている時、隣のスタジオにはいつもタモリさんがいらっしゃいましたね（笑）。

これらの仕事だけでなく、先ほどお話ししたイベントでのやられ役もあって。声優の仕事が週に三〜四本も重なると、とてもレストランのアルバイトはできません。結局、アルバイトは辞めざるを得なくなって、半年から一年ほど経済的に苦しい時期が続いたんです。

とはいえ、この頃はまだ「声優として生きていくぞ!」といったような強い覚悟を持ってたわけじゃなくて(笑)。むしろ、「今後は声優として生きていかざるを得ないんだろうな……」なんて受動的な心境でしたね。

当時の僕には、「あの役をなんとか自分のものに!」という仕事もありませんし、声優として認めていただけるレベルにも達してません。声優としての未来なんて見えてないし、そもそも次のステップに進めるかもわからない。この頃は今後どうしたらいいのかわからなくて、一番もがいていた時期かもしれません。

この頃、神谷明さんや古谷徹さんたちとは、イベントでよくご一緒に仕事をさせていただきました。「おう、頑張れよ!」って励ましていただくことはありましたけど、アドバイスをいただけるほどの関係ではなかったんですよね。むしろ神谷さんや古谷さんのように、若手を相手に気さくに話していただける方は珍しかったと思います。当時の僕にとって先輩方は怖い存在でしたから（笑）。

ニッポン放送の声優コンテストで、僕がグランプリを獲った翌年には郷田ほづみくんが入賞してるんです。郷田くんとはイベントで一緒にやられ役を演じた仲ですが、彼は『装甲騎兵ボトムズ』のキリコ・キュービィー役でチャンスをつかみました。キリコは渋い声のキャラクターでしたけど、このような役を若手が任されるのは本当に稀だったんです。

なぜなら、当時は渋い声の先輩方が現役バリバリの時代ですからね。山田康雄さんですら四〇代の中堅ですよ。そんな先輩方に勝てるだけのテクニックが若手の僕らにあるわけがない。新人が入っていく余地はほとんどないような感じでしたよ。

たとえば映画の吹き替えを収録する時は、暗くないと映像が見えないから、真っ暗なスタジオの中で映写されるんです。マイクの前だけスポットライトが当たっていて、出番が来た人は台本を持って光の中へ行き、台詞をしゃべる。

そのマイクの前に出ていくだけで、ものすごく緊張するんですよ。先輩方はスタジオの中で煙草を吸いながら待ってて、トチったりすると「またロール頭からやり直しか」といった感じのため息をつくんです。そのプレッシャーたるや、大変なものでした。

今は収録前に前もって自宅でリハーサルができるんです。でも、当時は収録当日のリハーサルが多くて。朝スタジオに入ると作品が一回映写されて、「はい、じゃあテスト」という流れだったんです。これが僕にとってはとにかくしんどかった（笑）。

先輩方は吹き替えの場数をこなしてますから、吹き替える俳優の特長をすぐにつかんで適確にしゃべるテクニックを持ってるんです。でも、僕らのような若手にそんな技術はない。だから、僕はスタジオに行くこと自体がプレッシャーになって、「今日はあそこのスタジオだ。嫌だなぁ」って思うとお腹が痛くなったほどでしたよ。

東映の関連会社であるタバックで収録する時にも、同じようなプレッシャーを感じましたね。東映のアニメ作品になると、キャストはほぼ青二プロダクションのスターの方々で占められるんです。そこへ別の事務所に所属する僕が入っていくのは、アウェー感を覚えるなんて生ぬるいものじゃありませんでしたよ。このプレッシャーから解放されたのは、デビューから三年ほど経った頃ですかね。

声優としての環境に慣れていったのは、『聖戦士ダンバイン』でバーン・バニングス役を一年間演じた経験から、自分に足りないものを自覚した頃です。ちょうど『超時空世紀オーガス』と『重戦機エルガイム』に参加したタイミングですね。

『聖戦士ダンバイン』のバーンは正統派のライバルキャラクターでしたけど、『重戦機エルガイム』で僕が演じたギャブレット・ギャブレーはイケメンながらも、どこか三枚目の部分があるキャラクターで。だからといって、当時の僕には演じ分ける余裕なんてありません。総監督の富野由悠季さんのダメ出しにどう応えるかで精一杯でしたよ。

ちなみに、声優としての仕事が一気に増えはじめたのは、首都圏で再放送も含めてアニメが週に六〇本も放送されるようになる直前です。その頃はまだ週に二〇本ほどで。この頃になると、仕事をすればするほど覚えないといけない情報量が増えてきたんです。たとえば、先輩方の顔や名前は絶対に覚えておかないといけない。僕はもともとアニメには疎かったから、先輩方のことはコツコツと地道に覚えていきました。そのおかげもあって、先輩方に僕のことを多少は認めていただけるようになってきたんです。

今は収録の時、みんなで共同作業を行うような雰囲気があるんですよ。でも、僕が新人の頃は、まるで侍同士が真剣で型を披露するような、緊迫した丁々発止のやりとりがあって。それを見て、「うわぁ、先輩たちはこんなことやってんだ!!」って驚いた覚えがありますし、周囲のスタッフも「そういうものだ」って認識してた感じでしたね。

これは僕が納谷悟朗さんと映画の吹き替えで共演した時のことです。僕は納谷さん演じるジョン・ウェインに報告する部下の役で。僕は「司令官、○○です」って、報告をする台詞をしゃべったんです。そうしたら、いきなり「お前、何やってんだよーっ!! 天下の納谷悟朗の前で、ちゃらちゃらした二枚目みたいにしゃべってんじゃねぇよ！『しれいかーんっ！』って言えーっ！」ってディレクターに怒鳴られちゃいまして……。これにはさすがに僕も返す言葉がなくて。思わずスタジオから帰ろうとしてしまいました(笑)。そんな僕を「我慢しろよ」って止めてくれた先輩がいまして。

今は決してそんなことはありませんよ。でも、当時は縦社会の風潮が色濃くて、理不尽なことにも耐えないと生き残れない世界だったんです。だから、仕事が終わってお酒を飲みに行ったりしてもプレッシャーを感じて、あまり楽しくなかったんですよね。僕にとって、お酒を飲んでる場で「お前の芝居はなぁ！」と言われることほど嫌なものはなくて。時には「収録中に言ってくださいよ、スタジオで！」って怒ったこともあります（笑）。

音響監督にも同じようなことをよく言われましたねぇ。これは確か僕が三〇代の頃です。

相手の方は大御所中の大御所でしたけど、僕としては普段から抑えてるぶん、いろいろと抱え込んでる感情がありますから、お酒を飲む場で言われた時にさすがにカチンときちゃって。「えっ？　だって収録してる時にそれを言うべきじゃないですか？　それが仕事でしょ？なんで今言うんですか？」って反発したんです。そうしたら「お前はわかってないっ‼」って音響監督も怒りはじめちゃって……。以後、その方とは一度も会ってませんね。

そのようなことがないぶん、今のほうがいいと言えるかもしれません。ただ、以前よりもきつい部分も確実にありますよ。現在は情報過多の時代で、新人声優にここまで求めるのってくらい、たくさんのことを求められるんです。たとえば、ツイッターでフォロワーが何万人以上でなければキャスティングしない、とか……。僕はそれを声優に求めるのは違うと思うんです。

そのうえ、新人が先輩方から学ぶ機会も確実に減ってるんです。お話ししたとおり、僕が新人の頃はプロフェッショナルの声優と同じ現場に放り込まれて、先輩たちとのセッション、というよりも仕合で散々敗北しながら、声優としての技術を磨きました。

一九九〇年代の半ばくらいまでは、よほどの病気の時以外はどんな作品でもキャストが全員揃って収録しましたから。経験を積む場はたくさんあったんです。まあ、みんなそれほど忙しくなかったから、収録後は夕方からお酒を飲むんですけど（笑）。

でも、今は別録りや抜き録りが当たり前で、収録現場にキャスト全員が揃うことはないんです。抜き録りだと他のキャストの台詞を聞けませんから、特に難しいですよね。新人を教えている僕からすれば、「この子をどこまで育てたらいいんだろう」って、気持ちが少々萎えてしまうこともあるくらいで……。その意味では大変な時代だとは思いますよね。

別のジャンルへの挑戦

やがて速水さんはアニメだけでなく、ゲームやナレーションなど他のジャンルにも仕事の幅を広げていく。そこで学んだことはどのようなことだったのか。そしてベテラン俳優となった今、どのような思いを抱いているのか。そのあたりをざっくばらんに話してもらった。

すみません、熱くなって話がちょっと逸れてしまいました（笑）。このへんで僕の若手時代に話を戻しましょう。

ぷろだくしょんバオバブに入ったあと、僕は早い段階でナレーションの仕事を始めたんです。二〇代の半ばから後半の頃、ちょうど僕が結婚した頃ですね。ナレーションの仕事のおかげで、生活の不安を感じるようなことはなくなりました。

ナレーションの仕事はテレビ番組やラジオＣＭがメインで。その他にアニメの仕事もありましたし、映画の吹き替えもあります。一九九〇年代になると、新たにゲームの仕事も増えてきて。当時、広井王子さんの手がけた『天外魔境』シリーズの初期作品には、よく参加させていただきましたよ。

この頃の僕のように、さまざまなジャンルでの活動が苦手な方もいるんです。たとえば、映画の吹き替えをメインにしている方は、収録時に原音が聞こえているのが当たり前。だから、「音がないと不安」と感じてしまうのも仕方がないですよね。

逆に僕はそれぞれのジャンルの仕事に差を感じることがなくて。むしろ僕にとっては全部一緒です。アニメにはアニメの楽しみがありますし、ゲームにはゲームの楽しみがあります。まあ、得意なジャンルがないということかもしれませんけどね（笑）。

一人で収録することの多いゲームの仕事は自分でペースを構築できるし、意外と自分の限界にチャレンジできるジャンルでもあるんですよ。たとえば、ゲームの中で自分の演じるキャラクターが相手に告白する時とか、マックスレベルの攻撃を仕掛ける時なんて、どこまで声を出せばユーザーが喜んでくれるのか……。そういうことを考えながらしゃべれる楽しみがあるんです。

アニメの仕事では、作用と反作用じゃないですけど、他の声優の台詞を受けて対応するという掛け合いの中で収録が進むんです。だから、自分を高めるというよりも作品のクオリティを上げることに重点を置く。

実際に僕がしゃべったシーンじゃないんですけど、僕の中で強烈な印象が残ってる掛け合いがあって。これは『OKAWARI-BOY スターザンS』というアニメ作品に参加した時のことです。僕の任された役は銭屋金之助という、ちょっと変わり者のキャラクターで。この作品には大平透さんのほか、当時はまだ三〇代で今はお亡くなりになった郷里大輔さんも参加されてたんです。

あるシーンの収録の時、本番中なのに大平さんが台本を見なくなって、全部アドリブになったんです。それを郷里さんがテンポよく返していく。途中でどちらかが「そろそろ台本に……」って合図を発信したんでしょうね。大平さんと郷里さんのアドリブが二分くらい続いたあとで、急に台本どおりのやりとりに戻っていったんです。これぞまさにセッション。

「すごいものを聞いたな!!」って興奮してしまいましたよ。

もちろん、監督をはじめ、その場にいる全員が「おおーっ！」って感心してましたから、誰も止めません。僕も「ハクション大魔王、すごいなー」って感服するばかりでした。

声優を長くやっていると、長く演じることになるキャラクターも自然と増えてくるんです。最近だと『戦国BASARA』シリーズの明智光秀ですかね。光秀は一〇年以上演じてきましたし、『アンジェリーク』シリーズの光の守護聖ジュリアスになると、もはや二〇年以上ですよ。

このふたつの役はゲーム作品ですが、コバルト文庫『炎の蜃気楼』では関俊彦くんと二〇年以上もドロドロした関係を演じてるんですよね。それこそ「BL」という言葉が一般的になる前からです。関くん演じる仰木高耶と、僕が演じる橘義明は腐女子と呼ばれる女の子たちを増やすのに貢献したと思いますよ（笑）。

もちろん、中には演じるのが難しい役もありました。その筆頭といえるのが『勇者エクスカイザー』のエクスカイザーです。ロボットが声を出す時、僕はどうしたらいいのか、当初はその方法論さえわかりませんでしたから。

それまでに僕が演じてきたのは、主人公のライバル、美形悪役キャラクターが多くて。今度はそこから一転して、『勇者エクスカイザー』では自分の肉体を一〇〇％フル活用ですよ

（笑）。ロボットの強さや大きさを表現しなくちゃならなくなったんです。そこに最も戸惑いを感じましたね。

やりすぎるとテストの段階で声が出なくなるってわかっているのに、ミキサーがバランスを取れないから、テストでも本気を出さないといけない。特に合体シーンなんてバックの音楽も相当賑やかだし、「オーケストラだから、もっと声を出して！」って指示が出るから、声を張らないといけないんです。大変だったけど楽しかったなあ。

耳で聴くだけだとわかりづらかったもしれませんが、田村由美先生原作の『LEGEND OF BASARA』のナギも難しい役でしたね。ナギは盲目だし、僕はそれまでに盲目の人物を演じた経験がなかったからなおさらです。「盲目ってどんな世界だろう？」って考えながら台詞を覚えて、感覚をつかむために本番の時にちょっと目を閉じてしゃべったほどでしたよ。実際には画が見えないとしゃべるタイミングがわからなくて、ものすごく怖いんです。そういったことを試しながら、光のない世界で生きる勇気や思慮深さをつかみつつ、それを作品の中でどうやって表現するべきか、自分なりにキャラクターを構築しながら演じました。

各キャラクターを演じる時、その内面を掘り下げるために、原作があれば読ませていただきます。でも、実際にはオリジナルの作品が多くて。その場合は先の展開がまったくわかりません。音響監督ですら知らない場合もあるくらいですから（笑）。

そうなると僕としては各話の台本を読んで、特にト書きや画の説明部分を読み込んで、演出の意図などを考えながら役を作っていきます。ただ、自分の感性や理解力といったフィルターだけを通して作りあげた役は出来がいい場合もありますが、一方でよくない場合もあります。だから、キャラクターを曲解しないように、台本の読解も含めて演出家の意見を聞いたほうがいい場合も多いんですよね。

ちなみに、僕は今までキャラクターを曲解したことはないと思いますし、そのおかげで僕の演じるキャラクターが殺されたり旅立ったりして途中退場したことはないんじゃないかな……。繊細な事情を含むので詳しくはお話しできませんけど、作品によってはもっと活躍するはずだったのに、途中で消えてしまったキャラクターは案外いるんじゃないんですか。

今、声優は周囲から厳しい目を向けられたりしますけど、こういう職業を続けるとしたら常に枯れないでいるというか、溢れるものを持っていないとダメだって思うんですよ。そのために必要なのは恋愛だったりするわけです。だから、僕が教えている新人にはむしろ「恋愛をしなさい」って話しています（笑）。

まあ、先輩方にもまれながら、いろいろ経験を積ませてもらっているうち、気づいたら僕も「先輩」と呼ばれる立場になったと実感させられるようになってきまして（笑）。その時、なんともいえない気分に包まれたことを覚えてますよ。

若手だった頃、僕は先輩方の背中を追いかけていればよかった。申し訳ない話ではありますけど、「ああ、そうか。この台詞、こう言うとカッコいいんだ」って、スタジオの中で先輩方から勉強させてもらったことも多いんです。

そのうち「僕、中学生の時にあの作品を観てました」って声をかけられるようになって、新人には「僕が声優を目指したきっかけは速水さんです」って言われたりするようになってくる。今では「お母さんがファンなんです」って言われることもしばしばですよ（笑）。そうなると、時代の流れを感じずにはいられませんよね。

第四章　愛すべき我が家族

両親と兄と

今から約六〇年前、ご両親と二人の兄という家庭のもとに生まれた速水さん。ご家族はどのような方なのか、少々お話を伺ってみよう。

ここからはちょっと話題を変えて、僕の家族についての話をしましょうか。

僕が俳優を目指して上京する時、勘当というわけじゃないんですけど、父とはなんとなく口をきかなくなっちゃったんです。確かに父は僕が進学することを望んでました。といっても、俳優になることをものすごく反対してたわけでもない。だから、上京して初めての夏には帰省してますし、正月にも帰ったくらいで。それに、帰るたびに小遣いをもらったり、新人の頃は貧しくてお米を送ってもらったりもしましたから（笑）。そんな時にはやっぱり親のありがたさを感じましたよね。

『超時空世紀オーガス』で主演した頃になると、僕はアニメ雑誌のインタビューを受ける機会も多くなってきて。それでもしばらくの間、僕の仕事について父は何も言ってこないんです。五年くらい経った頃ですかね。妻と一緒に実家へ帰ったことがあって。その時にかつて僕の書庫だった部屋に行ってみたんです。そうしたら、部屋が『アニメージュ』などアニメ雑誌のバックナンバーで埋め尽くされてて。父がアニメ好きの部下に頼んで買ってきてもらって、僕のインタビューが載ってるアニメ誌を揃えてくれてたんです。

おそらくアニメを観てもよくわからないから、父は僕の出演作を一本も観たことがないと思うんです。なのに、僕のグラビアやインタビュー記事が載った雑誌はすべて買い揃えてくれて……。今でも実家には僕のポスターが貼ってありますよ（笑）。

そんな父ももう亡くなりました。それだけ僕の記事とかポスターを集めていたのに、父は僕の出演作についての感想を一度も話さなかったんですよね。恥ずかしがり屋だった父らしいなぁと思いますよ。

ただ、周りの人たちからは、僕の仕事についてずいぶん聞かれるという話はしてましたね。父が出張で東京に来る時、「これを頼まれたんだ。サインしてくれ」って、たくさんの色紙を持ってきたこともありました（笑）。

話は逸れますが、サインの話が出てきたついでに、せっかくなので僕の芸名の由来についての話もしましょうか。

僕にはもともと純粋に「はやみ」って名乗りたいという希望があったんですよ。世間では『ガラスの仮面』に触発されたという説が一般的ですが（笑）、実は何かから触発されてそう考えてたわけじゃないんです。

周りの人とそんな話をしている時に、「『水』という文字がいいね」ってなって、まずは「速水」という姓をみんなで一緒に決めたんです。そのあと、名前を決める段階でぷろだくしょんバオバブの社長やスタッフに相談して。「姓名判断ができる人がいるから」ということで、その方に聞いてもらい、画数は一三画がいいということで「奨」の字になったんですよ。

まあ、「速水」のモデルは『ガラスの仮面』の速水真澄じゃなかったんですけど、「せっかくだから彼も演じてみたいね」なんて話はしてましたよ。残念ながら、これまでその機会に恵まれないまま現在に至ってる感じなんですけどね（笑）。

このあたりで僕の家族についての話に戻しましょう。父と違って、母は僕のことを普通に応援してくれてました。さすがに心配ではあったようで、以前はいつも「声優で食べていけるのか?」って聞かれましたけど（笑）。

二人の兄はというと、長兄は僕が声優になった頃には塾の経営者になっていて、次兄は保険会社に勤めてました。兄たちが堅い職業に就いている中で、僕だけがアウトサイダーって感じですかね（笑）。

ちなみに僕の同級生も、学校の先生とか堅い職業に就いている友達がけっこういて。これは二六歳の頃のエピソードなんですけど、高校の同窓会でみんな酔っ払っちゃって、その勢いで僕が彼らの給料について尋ねたことがあったそうなんです。その時に額面を聞いた僕が「お前、そんな安いのか!?」って暴言を吐いちゃったとか……。

本当に申し訳ない話ですけど、酔ってたせいで僕はそのことを全然覚えてないんです。ただ、なんとなく友達の給料を聞いて驚いた記憶はあるんですけどね。彼らには「お前は俺たちの給料を笑ったろう」って、いまだに言われています（笑）。今となっては、そんな友達らはみんな校長先生になりましたが。

妻は最良のパートナー

速水さんの妻である五十嵐麗さんは仕事を通じて知り合い、のちにめでたくゴールインしている。ここからは、そんな五十嵐さんとの詳しいなれそめや結婚までの経緯、パートナーとしてともに生きる現在のお二人の様子などを語ってもらおう。

妻と出会ったのは、ある劇団に客演したのがきっかけなんですよ。当時、シンエイ動画の施設でその劇団が稽古をしていて、僕は一緒に客演する石丸博也さんと稽古の見学に行くことになったんですけど……。僕は前日にお酒を飲みすぎちゃったせいで、見学当日は二日酔いでグダグダ（笑）。気持ちが悪くて、見学中も稽古場の隅でずっとうずくまってました。

その時のことを僕はあまり覚えてないんですけど、劇団員の間では「感じの悪いヤツが来たよ」「あの人、売れてるんだって。でも、アニメで売れてたって、あんなに感じが悪かったら……」といった陰口を叩かれてたらしくて。まあ、自業自得ですから、何の言い訳もできませんが（笑）。

僕にとって、彼女との付き合いは文字どおりマイナススタートでした。ただ、見学してるうちに二日酔いが治ってきて、稽古後はみんなで居酒屋へ行くことになって。以後は稽古に参加して、終わったら続いて飲みに行く……そんなことを何度か繰り返すうちに、彼女と少しずつ親しくなっていったんです。

その頃には僕に対する彼女の印象も、「思ったより悪い人じゃなさそう」「あれっ？　意外と気さくじゃない」といった感じに変わってきたらしくて。しばらくすると自然と親しく話すグループができて、そこで仲が一番よかったのが彼女だったんですよね。ちなみに、もう一人仲よくなったのが、今はうちの事務所に所属する小野健一さんです。

仲よくなってくると、彼女も僕と同じぷろだくしょんバオバブに所属していたこともあって、稽古場からテレビＣＭの収録スタジオ、そこから再び稽古場へ、といった感じで一緒に移動するようになってきて。おかげで僕たちの距離がさらに近づいていったんですよ。

そんなことをしているうちに、お互いにフィーリングが似通ってると感じるようになってきて。僕の中でも「ああ、この子、いい子だなぁ」という思いが強くなっていったんです。ただ、僕は過去の苦い経験から結婚に対して消極的で……。

だから、僕は彼女のことが好きだと自覚してはいましたが、「結婚なんて絶対にしないから」って、彼女に宣言していたほどなんです。それにもかかわらず、劇団での共演が終わった頃には、僕のアパートに少しずつ彼女の荷物が増えてきてて（笑）。彼女なりの巣作りが始まっていたわけなんですよ。

気づいた時には「あれ？　これって同棲って言うんじゃないの!?」という状態になってて。まあ、僕としてはそれなりに楽しく思ってましたけどね。そうしたら今度は彼女のお母さんから、急に「お食事をご馳走してあげるからいらっしゃい」ってお誘いがあったんです。

待ち合わせたレストランに行ってみると、彼女のお母さんはしっかりした服装をしてる。そんなお母さんが神妙な顔をしながら、いきなり「お式はいつ？」って聞いてくるんです。さすがに僕も驚きましたね（笑）。

これ、僕が彼女にプロポーズする前ですよ。ただ、こういうことを言われると、負けず嫌いの僕は強気になっちゃう傾向があるというか……。その時は確か夏だったと思うんですけど、僕は「秋には間に合わないと思いますが、春には……」って答えてたんです。自分で墓穴を掘ったというか（笑）、受けて立った感じですかね。

当初、僕としては「結婚とかどうなの？」って聞かれても、遠回しにお茶を濁しつつ、おいしいご馳走をいただくものとばかり思っていたんです。なのに油断していた僕に、お母さんから直球を投げ込まれたわけです。それだけに、あとはお酒が進むばかりでした（笑）。

まあ、彼女のお母さんは僕にとって恩人ですよ。今でもよく思い返しますけど、あの時にお母さんから豪速球が来なかったら、僕は結婚に踏み切っていたかどうかわかりませんから。当時の僕からすれば、将棋の羽生名人が「藤井聡太くん、そこ来たかっ!!」って思ってしまうような、本当にすごい一手でした（笑）。

周囲の仲間たちは僕が結婚しないって公言してることを知ってましたから、結婚が決まった話をすると、「絶対に続かないぞ」って冷やかされてしまいました。おまけに結婚式でも友達らは「三か月で離婚する」「いや、一年だ」って、離婚前提で賭けをしていたくらいで。なんともひどい話ですよねぇ（笑）。

そんな二人がここまで続きました。その理由は忍耐強かったからじゃなくて、お互いに理解し合おうとする姿勢があったからなんじゃないかと。僕たちは「混ぜるな、危険」じゃなくて、むしろ混ぜたほうがよかったんじゃないんですか。

現在の歳で結婚するとしたら、お互いの感性やこだわりなど、捨てられないものがたくさんあるから大変ですよね。だけど、二〇代半ばの頃は特にこだわりなんてないし、たとえば妻が怒ったとしても「こういう時に怒るんだ」「これは言っちゃいけないんだ」って、心にメモひとつ残しておけばすむことでしたから。そうやって妻と真正面から向き合ってきたからこそ今がある……僕はそう思いますよ。

今となっては、僕と妻は一心同体以上の存在かも知れません（笑）。ライブや朗読会といったイベントは一緒に作り上げてますし、あるアイデアを出したのが僕なのか、それとも妻なのか、どちらかわからなくなることもしばしばですしね。

それに妻は僕にとって一番厳しい批評家でもあるんです。妻は僕のことをなかなかほめてくれないから僕自身が鍛えられる。そのおかげで、今も声優として生きられている気がするほどですから。

ちょっとほめすぎに聞こえるかもしれませんけど（笑）、他にも尊敬できる部分があって。

妻は僕が最終的に出した結論に、絶対に「ノー」とは言わないんです。事務所を移る時もそうでしたけど、いろいろ相談に乗ってもらったとしても、結論は僕に委ねてくれる。僕を支えるほうに回ってくれるんです。

今まで人生の岐路で、僕は間違った選択をたくさんしてきたと思うんです。ある選択をして収入が減ったりしたことを間違いと言うならば、確かにそういう選択をしたこともあります。ただ、その選択のおかげで今の道につながっていると考えたら、ひとつも間違った選択はなかったと言えるんじゃないか……そう思ったりもするんですよね。だから僕は常に後悔をしちゃいけないと考えてますし、妻も同じだと思うんですよ。

僕が事務所のRush Styleを立ち上げた時もそうです。僕の教え子が声優じゃなくて作り手に回りたいって言うからマネージャーとして採用して、独立した僕と二人で事務所を始めたんです。その時、妻は大沢事務所に所属してましたけど、しばらくしてRush Styleに合流してくれたんですよね。

僕が独立して新事務所を設立する流れの中で、「見守る」という妻のスタンスは一貫してました。だから、「事務所が立ち行かなくなったらどうすんのっ!?」といったようなことは、まったく言われてないんです。それが僕としては本当にありがたかった。

仕事の面では、僕と妻は声優ですから、もちろん共演することもあるわけです。一時期、妻はアニメや映画の吹き替え仕事を控え、テレビCMのナレーション中心だったことがあって。そんなタイミングで『伝説の勇者ダ・ガーン』に参加することになったんですよ。

僕が『勇者エクスカイザー』に出演した時のことなんですけど、この作品の打ち上げの場には、当時は大沢事務所に所属していた妻のほかに、音響制作プロデューサーの千田啓子さんも遊びにきてたんです。千田さんといえば、長きにわたって音響監督をしてこられた千葉耕市さんの奥様です。千田さんご自身も『巨人の星』など、一九七〇年代半ばから音響制作に関わっている重鎮ですよ。『勇者』シリーズでも音響制作をされていて、仕事には厳しい一方で、普段はものすごく優しい方なんです。

そんな千田さんが、当時ショートボブだった妻を見て、「ねえ、今度さあ、そんな感じのキャラが出るんだけど……」って話を始めたのが、『伝説の勇者ダ・ガーン』の主役である高杉星史の母親役だったんです。そのキャラクターはニュースキャスターだったこともあって、「大沢事務所にいるんだったら、ニュース原稿も読めるわよね?」という話になり、あれよあれよという間に妻がそのままキャスティングされちゃったんですよ。本人にとっては、まさに青天の霹靂で（笑）。

当時の妻からしたら、しゃべりのベクトルが変わって、いきなり路線変更した感じだったので苦労したと思います。でも、それ以降はアニメや吹き替えの仕事を増やすようになって、今では吹き替えが中心ですね。

第五章　転機で振り返る声優歴

ガムシャラに演じたキャリア初期

長いキャリアを誇る速水さんだが、参加した作品や演じた役によってキャリアを明確に区分できるという。それぞれがどんな状況の時期で、各作品が速水さんにどんな影響を与えたのか、具体的な作品名を挙げながら速水さんに振り返ってもらおう。

自分で言うのもなんですけど、僕はこれまで数多くの作品に出演してきました。中には僕のキャリアに影響を与えた作品もありますし、今になって考えてみると、それは僕にとって大きな転機にもなってるんですよね。その転機を基準にして、いくつかの時期に分けることができるんです。

若手時代の出演作で印象深いものを挙げるとしたら、これはあとでお話しする第三期に参加した『勇者エクスカイザー』と、その前後に出演した作品でしょうね。僕は声優業四〇周年になるんですけど、これらは僕のキャリアの中でもジュラ紀や白亜紀のような、右も左もわからない新人時代を乗り越えて、ある程度の経験を積んだタイミングで参加した作品になるんですよ。

『超時空要塞マクロス』のオーディションに受かって、『聖戦士ダンバイン』『重戦機エルガイム』などのサンライズ関連の作品にも出演するようになった一九八三〜四年頃は、僕にとっていわば第一期になりますかね。

この頃の僕の演技といえば、もうガムシャラの一言（笑）。作品の中に自分がどう存在するかなんて考えてなくて、とにかく上手に演じることだけに重点を置いてましたから。なぜかと言うと、周囲に迷惑をかけないこと、トチッて足を引っ張らないようにすることが、僕にとって大命題だったからなんです（笑）。

少し余裕が出てくると、さすがにそこまでガチガチじゃなくなりましたけどね。以前の僕は演劇に関わってましたから、役作りでは台本をよく読んで、そこに書かれていることをどれだけ理解できるか、ということを重要視してたんです。その一環というわけじゃないんですけど、『超時空世紀オーガス』の収録時にちょっとした遊びをしたこともあって。

『超時空世紀オーガス』のキャストには、今も付き合いのある友達も兵士役として参加してたんです。ある時、その友達と「台本を見ないでアフレコやろうよ」という話になって。「来週のぶんは覚えて、トチったほうが負けね」ということで、負けたほうがビールをおごる賭けをしたんです。

収録現場には音響監督がいるから、もちろん台本を持ってマイクの前に立ちますよ。でも、僕らは台本を読むフリをするだけ（笑）。その時は台本を一切見ないで一話ぶんを収録しました。これは別にすごいことでもなくて。ちょっとした遊び心みたいなものですよ。

そんなことを現場でやれるようになったのが僕にとっての第一期だとしたら、第二期はOVAの『デビルマン 誕生編』や『銀河英雄伝説』に出演した一九八七～八年あたりから始まった感じですかね。テレビアニメの『トランスフォーマー 超神マスターフォース』もこの時期に含まれてきます。

ちょっと話は逸れますけど、新人時代の僕はとにかくお金がなくて（笑）。冬でもジーンズ一本、シャツの上にペラッペラの革ジャンで過ごしてたんです。でも、二〇代のわりと早い段階、ちょうど結婚した頃には経済的な不安が解消されて。それは声優としてさまざまな役を演じられるようになったからだけじゃなくて、この頃にナレーションの仕事が増えてきたのも大きな要因でしたね。

ナレーションの仕事で印象深かったのは、やっぱりヤマハのサウンドロゴでしょうねぇ。ＣＭの最後に流れる「ヤマハ」の声は僕だったんですよ。

企業にとって音のイメージともいえるサウンドロゴの仕事は、オーディションで決めるんです。まずは各声優事務所にオーディションの告知があって、それぞれの事務所から条件に合う声優の声が録音されたテープが集まって……といった感じでオーディションが進む。そうやって勝ちとったテレビＣＭの仕事は企業のイメージを左右するものでもありますから、そのイメージに合わせるのはなかなか難しい作業でしたよ。

他にもマンションのモデルルームで流す音声だったり、新人に見せるための企業説明のＶＴＲのナレーションもよくやりましたね。こういった仕事をすると、ナレーションを聴いた人から「あの声は誰だ?」なんて聞かれることもあるらしくて（笑）。進研ゼミの仕事では女子中学生に語りかけるお兄さん役をやったら、「進研ゼミのお兄さんの声がステキ」って、アニメを全然観ていない子からの反応もあったと聞きました。

当時、仕事に対する僕のベクトルはアニメよりもナレーションのほうに向いてましたし、実際にナレーションの仕事のほうが多かったんですよね。一方で、この頃は映画や海外ドラマの吹き替えも数多くこなした時期でもあるんです。

演技とは「なりきること」

さまざまなジャンルの仕事をこなしながら、声優としての第一～二期を過ごした速水さん。続く第三期では、『デビルマン 妖鳥死麗濡編』の不動明役をきっかけに声優として転機を迎えたという。この頃、BL系の作品に参加したことも、のちに影響を与えたと語る。

第三期が始まったのは……、これは明らかに一九九〇年のOVA『デビルマン 妖鳥死麗濡編』がきっかけですね。そのあとの『勇者エクスカイザー』、翌年の『新世紀ＧＰＸサイバーフォーミュラ』という一連の流れの中で、僕は声優という職業に覚醒しましたから。『デビルマン』シリーズのように、僕自身が本当に好きだった作品の中に存在できる喜びは大きかったんですけど、その反面プレッシャーもかなりのもので……。僕なりに悩みもいろいろありました。かといって、主人公の不動明として選ばれた限りは、ちゃんと不動明を演じないといけない。そういった責任感が自分の中で確実に芽生えたのが『デビルマン 妖鳥死麗濡編』に参加した時だったんです。

明を演じている時、肉体だけじゃ限界があると痛感させられて……。それが僕に声優としての自覚を促したんです。前作にあたる『デビルマン 誕生編』でも明を演じてますし、それまでに出演した他の作品の中でも、肉体をフル活用して叫んだり戦ったりするシーンはけっこうあったはずなんですけどね（笑）。『デビルマン 妖鳥死麗濡編』は、特に戦闘シーンが多くて。そもそも物語の始まりからジンメンというデーモンとの激闘ですからね。明を演じる時、「今は自分の声がこれだけしか出ないから、この程度でいいや」って自分を抑えるんじゃなくて、むしろ明という人物の本質まで自分を持っていかないといけない。上っ面だけで叫んだふりをするんじゃなくて、自分自身の中に明というキャラクター性をすべて内包しないと演じられない……。そういうことを強く意識させられたのが『デビルマン 妖鳥死麗濡編』だったんです。

僕はこの作品を通じて物理と哲学のバランス……わかりやすく言えば、フィジカルとメンタルのバランスが大切だと思うようになって。それが体得できて初めて、それぞれのキャラクターを演じられると考えるようになったんです。

たとえばゲームの『スーパーロボット大戦』シリーズだと、時には一人で五キャラを演じることもあるんです。特に決め台詞や必殺技といった絶叫系の台詞が多いし、今日はなぜか『超時空世紀オーガス』の桂木桂が叫んでるシーンばかり……なんてこともあって。ゲームでの収録はマイクと向き合っているだけなんで、確実に自分の声が劣化していくのがよくわかるんです。

それと違って、長く続けていても声が劣化しないこともあるんです。僕は『陰陽師』の朗読会を定期的に開催してまして。一番長いと七五分くらい一人で語ることもあるんです。この朗読を家でリハーサルしていると途中で酸欠になって、気がつくと寝ていたりするほど本当にハードなんですよね。

そんなリハーサルを重ねたうえで、本番ではギターとのセッションを繰り返しつつ、安倍晴明や蘆屋道満、鬼や正気を失った女役をすべて一人で演じながら語りきるんです。この時、喉の調子といった肉体面だけのことを考えたら、どうしても限界を感じますよ。

でも、本番で七五分間ずっと朗読していても、声が劣化してこない。この現象こそ「表現しないといけない」ってメンタル面の何かが覚醒して、肉体の限界を突破している状態だと思うんです。それを初めて体験したのが『デビルマン　妖鳥死麗濡編』だったんです。

自分の中で声優として徐々に覚醒しながら、続いて迎えた『勇者エクスカイザー』では、ロボットという表現のお手本がまったくない役に挑戦することになって。

当時のＢＧＭはフルオーケストラだから、僕に迫ってくる音の圧が違う。そのうえでフィルターを通し加工した僕の声がどれだけ子供たちの心に届くのか……。そのことを第一に考えてエクスカイザーを演じたんです。

丁寧にしゃべりながら、時には大胆にアクセルを踏んで叫ぶ。収録中はまさにそんな感じでした。

この頃が僕にとっての第三期、正確には第二期と第三期の過渡期といえるような時代で、役の引き出しが増えた時期にも重なるんですよね。当時の僕はすべての台本を押し入れに保管しておいたんです。ある作品の第一話から最終話の台本を引っ張り出しては読み返し、演じていた時のことを思い出す。当時はそんなことをしょっちゅうやってたんですよ。

この時期、『デビルマン 妖鳥死麗濡編』『勇者エクスカイザー』から『新世紀GPXサイバーフォーミュラ』へとつながる流れだけじゃなく、他にも僕に大きな影響を及ぼした作品があって。『炎の蜃気楼』『絶愛-1989-』など、今で言うBL系の作品です。

少女漫画が原作だとは聞いてましたけど……、台本を最初に読んだ時の第一印象は「なんじゃこりゃ!!」でした（笑）。当時は「BL」という言葉さえないような時代ですから、これも仕方がないですよねぇ。世の中って面白いですよね。

当時、BL系は「お耽美」「やおい」「JUNE」とかって言われてて。この頃の僕の相手といえば関俊彦くんや塩沢兼人さん。

「まあ、これも少女漫画だよ」って言われて何も知らずにスタジオへ行ってみると、収録中に僕は神様の役として山口勝平くんが演じるキャラクターとそういう関係になるわけです

(笑)。おっと、これは騙されたぞって。当時の僕にとっては驚き以外の何物でもなかったですね。今となってはそれもいい思い出です。

僕自身は竹宮恵子先生の『風と木の詩』を読んでましたし、この作品のＯＶＡではかわいい後輩を犯す悪い先輩のような役も演じてるんです。だから、やおいの世界観はわかってましたし、違和感を覚えたこともありませんよ。ただ、男性同士の絡みばかり注目されるようになるのと同時期にコミケがブームになって、いわゆる同人作家と呼ばれる方々から作品への出演依頼が舞い込むようになってくると、僕の心境も若干変化してくるんです。

時にはちょっとした葛藤はありましたけど、『炎の蜃気楼』は二〇年以上も主役を演じてきましたから、当然ながら僕の中では大きな位置を占めてます。もうひとつの『絶愛-1989-』でも主役の南条晃司を演じてますから、思い入れは大きいですよね。ちなみに、晃司はふっと目が合った少年に惹かれてしまったカリスマロックスターです。

これらの作品は、原作では際どいシーンがありますけど、僕が出演しているドラマＣＤや映像作品などでは意外とそういうシーンが少なくて。だからこそ、男性が男性を好きになってしまった何か、「好き」という言葉よりも根深いところにある感情、生まれ変わって顔や立場が変わっても相手のことを思い続ける気持ち……そんな内面を表現できればって思いながら、キャラクターを演じてきたつもりです。

ジャンルは違いますが、同じ頃に出演した作品の中で、少女漫画を原作にしてて、僕の中に強い印象を残した作品があるんです。それは日渡早紀先生原作のＯＶＡ『ぼくの地球を守って』ですね。この作品で、僕は紫苑というキャラクターを演じました。主要キャラクターの一人である小林輪に、のちに生まれ変わります。

『ぼくの地球を守って』という作品自体が素晴らしくて、当時は「自分は何の生まれ変わりなんだろう？」って夢中になる女の子たちが一種の社会現象にもなりましたよね。僕にとっても、高校時代に後輩から勧められて読んだ萩尾望都先生の『ポーの一族』以来、久々にファンになった少女漫画でもあったんです。

この仕事が決まる以前、女の子が『ぼくの地球を守って』にハマってるって聞いても、正直なところ「どこが面白いんだろう？」と思ってました。でも、役が決まった時に資料として読んでみると、これがとにかく面白い。一気に読み終わったのを覚えています。

ゲームの仕事で弱点が見えてくる

激動と言っても過言ではない第三期を経て、速水さんは演じられる役の幅をぐっと広げていく。続く第四期ではゲームというジャンルでも大いに活躍。そんな中で若手時代との違いを実感させられることもあったという。

僕にとっての第四期に入ったのは、『アンジェリーク』シリーズで光の守護聖ジュリアスを演じたあと、一九九〇年代半ばあたりからになりますかね。この頃からゲーム関連の仕事が増えて、二〇〇〇年、僕にとって二〇周年にあたる年からはコーエー主催の『ネオロマンス・フェスタ』にも出演するようになったんですよ。このイベントでは『ネオロマンスシリーズ』に出演している声優が集まって、歌ったりドラマを演じたりするんです。今もこのイベントには年に一～二回ほど出演させてもらってます。

宇宙を統べる女王を育てるため、守護聖が女性候補をレクチャーしていく『アンジェリーク』シリーズのおかげで女性ファンが確実に増えたと思うんです。僕のことを長く応援していただいてますし、ライブでは僕の曲を一緒に歌っていただいたりして……。僕としては本当にありがたいことですよ。

ゲームの仕事が増えてきたことで、意外な変化もあって。それまでの僕は女性ファンの認知度が高かったんですけど、格闘ゲームの仕事をするようになったおかげで、男性ファンの認知度も上がったような気もするんですよね。

第一期の頃に演じていた役を『スーパーロボット大戦』シリーズで演じることになったのも、ちょうどこの時期なんです。ただ、ここでひとつ、大きな悩みが出てきて。それは僕が声優として成長したがゆえに出せなくなったリアリティです。

新人の頃に比べれば、僕もさまざまなテクニックを身につけました。一方で、若かった頃のように荒けずりの表現ができなくなっていたんですよ。

若さゆえに出せた味、というか自然なリアリティ、これを今、トレースしてしまうと、やっぱりつまらないだろうって思うんです。かといって、実際に当時の調子でしゃべるのも難しい。

若さから出る粗さも含めてひとつのキャラクターなんだな、という考えに至るまでにけっこう時間がかかったんですよね。たとえば、あるアーティストが若くて未熟な時にレコーディングした曲と、ちょっと経ってからベストで収録しなおした曲ではどちらがいいんだろうって疑問に似ているのかもしれません。

映画や音楽、本にしてもそうですけど、作品って当時の風潮や空気も含めて作られるものであって、これはアニメも例外じゃない。今のようにさまざまなジャンルが出揃って、パターン化ができているならまだしも、以前は手探りで作品を作ってましたし、僕にはその時代をリアルタイムで生きている実感がありました。先の見えない混沌とした中にも、とにかく自分を前に出すんだというエネルギーも当然あったんです。

それに、デジタル化されてきれいに収録できる現在とは録音状況も違いましたしね。音が悪い中でも、今とはまた違った味、というか出汁が自然と表現されたりもしてるんです。その出汁のおかげで、キャラクターから溢れる汗や涙のしょっぱさを、聴いている人たちに感じてもらえた部分も確実にあったんじゃないかと思うわけで……。そういったことを今現在の僕がそのまま表現するのは、やっぱり難しいですよ。

ちなみに、ゲームの仕事は基本的に一人で収録するんです。スタジオにほぼ全員のキャストが揃って収録したのは『テイルズ オブ デスティニー』シリーズくらいじゃないですかね。このシリーズでは、アニメのように普通に台詞の掛け合いをしました。

ゲームではそんな収録は本当に珍しくて。基本的には一人でブースに入って、延々と自分の台詞をしゃべるのが普通です。そんな中で技の名称をしゃべったり、受けたダメージの大きさによって台詞をしゃべり分けたりしていると、けっこう自分の台詞の癖やダメな点が見えてくるんですよね（笑）。

「あっ、これ、自分のウィークポイントかもしれない」と気づいて、しゃべり方を変えていったりするとひと味違う、ちょっと厳しめのキャラクターが作れたりするんです。仕事場なのに申し訳ない話ですけど、そういう意味ではゲームの収録現場は試行錯誤の場であり、同時に違う自分を発見ができる場でもあるんです。

実際のところ、ゲームの場合は台本にシナリオがすべて書かれてません。それこそ自分の担当パートしか知ることができませんから、台本を読んだだけじゃしゃべりのテイストがまったくわからないんです。だから、ゲーム会社のスタッフに話を伺いながらキャラクターがぶれないように演じてます。

そんな環境から派生したキャラクターが『戦国BASARA』シリーズの明智光秀っていえるかもしれませんね。アニメ『闇の末裔』でも少々マッドな医師を演じましたけど、自分の中で何かを振り切った役は光秀が初めてでした。

逆に「あの明智をやれるんだったら、これも……」って感じで舞い込んだのが、『銀魂』の星海坊主役ですかね。他にもゲームの中で、魚の形をした透明の醤油さしの役を任されたりもしましたよ（笑）。光秀役のおかげで、けっこう役の幅が広がったんですよね。

第六章　歌うことの楽しさ

ライブは何が起こるかわからない

声優がステージに立つことが当たり前になった現在、もちろん速水さんもライブには積極的に参加している。今となっては速水さんが舞台に上がらない姿を想像できないくらいだが、歌を歌うようになった当初はかなりの抵抗があったようだ。

僕の仕事に歌が本格的に加わってきたのは三四〜五歳の頃、僕にとって第三期の真っ只中といえる時期ですね。きっかけは『伝説の勇者ダ・ガーン』のキャラクターソングです。この頃から人前で歌う機会も増えてきてるんですよ。

歌うようになった時期が意外と遅いのは、実は劇団四季に所属していたことが大きく影響してるんです。劇団四季には、声楽家の集まる二期会出身者もいたほどですから、歌がうまい人が山ほどいて。一方の僕といえば歌がまるでダメ（笑）。その劣等感を忘れられずにいたのが、その歳まで歌を歌う仕事をしなかった遠因なんですよね。

人前で初めて歌を歌ったのは一九九〇年頃です。第三期にあたる一九九二年にはファーストアルバム『優雅な条件』を出して、歌と語りを収録しました。ただ、当時はまだ歌がめちゃくちゃ苦手でした（笑）。なので、企画の段階でできるだけ歌を減らして、語りを増やしてもらい、アルバムには歌が四曲しか収録されてないんです。

一九九四年にセカンドアルバム『Liaison』を出したあと、一九九五年に初のライブを開催したんです。この頃のファン層は本当に女性ばかりで。三〇〇人収容できるライブハウスで男性客は一人（笑）。当時の僕のファンクラブは会員数が一〇〇〇人以上いたんですけど、男性は二～三人でしたから、これも仕方がないですよ。

初ライブの時はさすがに緊張しました。「なんでこんなライブをやろうと思ったんだろう」って、自分で自分を責めましたもの（笑）。

僕は学生時代にバンドをやってたわけじゃなくて。そもそも小学生の頃は一人だけ声が低いからキーが合わなくて、みんなで歌う時はずっと口パク（笑）。当時は童謡の『とんぼのめがね』さえまともに歌えませんでしたから。

そんな僕のライブでも、興奮して過呼吸になるファンまでいてくださって……。ライブが終わったあと、救急車が呼ばれることが何度もありました。たまたま会場に看護師の資格を持つ方がいて、救急車が到着するまで応急処置をしていただいたこともありますよ。

以後、ライブはラフォーレ原宿で毎年開催するようになって。一日二ステージのために、セットや衣装にかなり力を入れましたね。当時はバブルの時期で、時には贅沢して総ビーズの衣装を用意したこともありました。

ライブを数多くこなしましたから、もちろんいろいろな思い出がありますね。ある時、天井が低い会場で枝がステージにかかるようなセットを作ったんです。そうしたらスポットライトに葉っぱが当たり、そこから煙が出ちゃったこともあって。「おっ?」って僕が思った瞬間にはスタッフが消してくれたから事なきを得ましたけど、今考えてもちょっとドキドキします(笑)。

本番直前までベーシストが来ない、なんてこともありましたねぇ(笑)。どうやら寝坊したようで。そこで本番が始まる直前にお客様が並んでいるところを、表からベースを抱えて会場にガーッと駆け込んできた、なんてこともありました(笑)。

この時、僕たちは意外と焦ってなくて。むしろ「なんとかなるだろう」「いざとなったら待ってもらえばいいか」なんて気楽に考えてました。最悪の場合、ベースがなくてもギターとキーボードがあればなんとかなる。そんなことを考えてましたから（笑）。今思えば、なんとものんびりした、楽しい時代でしたね。

当時、ライブ会場は東京だとラフォーレ原宿がメインで。この会場はスタンディングでも四〇〇人収容するのが精一杯なんです。

ライブを何回か行ったあと、今度はディナーショーへ移行していくんです。ディナーショーは最初はファンクラブが企画して、ホテルの会場を借りて開催しました。そうしたら、その盛り上がりぶりを見たホテルがオーダーしてくれるようになって、二〇〇〇年から二〇一四年までディナーショーを続けたんです。

ディナーショーは会場内を歌いながら歩き回るんですけど、途中で握手したり、花束をもらったりするコミュニケーションもあるんです。来てくださるのはファンの方はもちろん、カップルやご夫婦でご来場される方も多くて。中には、ご家族で来てくださった方や、母親と成人した娘さんという組み合わせの方もいらっしゃる。二世代にわたって来てくださる方と会うと、僕のキャリアも長くなったんだなぁなんて実感しますね（笑）。

ディナーショーは毎年京都で開催してたんですけど、思い出深い失敗があって……。ある年のディナーショーの朝、気分転換に真言宗の有名なお寺の東寺に出かけたんです。東寺といえば「五重の塔」が有名ですよね。他にも本来は絵である「曼荼羅」を、仏像を並べることで立体的に表現した「立体曼荼羅」もあって。それを見た時、僕は瞬間的に「これ、仏様たちとその配置を全部覚えよう！」って思いついて、実際に覚えたんです。

それが僕としてはとても嬉しくて、ディナーショーのＭＣで解説したんですよ。「大日如来がこうで、不動明王がこうで……皆さん、ぜひ行ってみてください！」。ここまではよかったんですけど……次の曲を歌おうとしたら、頭の中が立体曼荼羅でいっぱいだったからか、歌詞が全部飛んじゃった（笑）。

あるライブではアンコールで歌うはずだった曲の出だしの歌詞が完全に飛んじゃって……。急いで着替えてアンコールの舞台に立ったんです。そうしたら、歌い慣れた曲なのに歌詞がまったく出てこない（笑）。もしかしたらコーラスの譜面に書いてあるかなって、さり気なく移動して譜面を覗いたんですけど、歌い出しは僕のみだった。

そこで僕はどうしたかというと……「じゃあねー！」って叫んで舞台の袖に引っ込みました(笑)。お客様も当然のこと、スタッフも何が起こったのかわかりません。だから、袖に引っ込んだ僕は「歌詞が飛んだ！」って説明して、もう一度アンコールをしてもらいました。当時はプロンプもありませんから、どうしようもなかったんですよね。ここまで歌詞が飛んだのは後にも先にもこのステージだけですが。

ただ、アクシデントの最中はスタッフや周りの人が気の毒になりますよね。ある意味で開き直っている本人に対して、見ているだけで手の差し伸べようがない周囲の人の焦りは相当だと思いますよ。まるで他人事のような言い方をしてますけどね（笑）。

ファンとの接点を励みにして

ライブやディナーショーを数多くこなした速水さん。イベントの内容は自分たちで考えているという話だが、実際にはどのような手順を経て作り上げているのだろうか。ここからはイベントの舞台裏を語ってもらおう。

イベントや舞台の台本を書く時、僕はいろんなことを考えてしっかり書き込むんですけど、自分だけじゃなくて他の人が失敗することもあって。僕の書く台本はアドリブ性が高いし、演じる役者さんたちのアドリブ力に助けられることも少なくないんです。ただ、これまでの経験から「想定どおりに進める」のがいかに難しいかも熟知してて。自分で書いた台本だとしても、たとえ共演者が一ページ飛ばして読んでしまっても大丈夫なように心がけてるんです。これこそ失敗から得た度胸のなせる業ですが（笑）、「書いているのは俺だから、ストーリー変えちゃえばいいか」くらいのスタンスで構えてるんですよね。

でも、僕自身は失敗を楽しんでいる部分もあって、「うまく行ったから結果オーライ！」と思ってて。普段から舞台上のトラブルはアトラクションみたいなものだって考えてます。ちょっと話は変わりますが、ライブを通じて感じることがあって……最近はファンの方々と直接ふれあう場が減ってきましたね。ライブも二年に一回できればいいほうだし。朗読会は続けてますけど、朗読会のあとで時間があれば来てくださった方々をお見送りしたり、短い時間ながら言葉を交わしたりするんですけどね。そういったふれあいの中で、いろんな元気や活力をもらえるのは、とても幸せなことなんです。

あと、ＳＮＳが主流のこの時代に、わざわざファンレターを送ってくださる方もいて。これには感動させられることが多いんですよ。特に中高生のファンが送ってきてくれる手紙は、ありのままの言葉が紡がれていることが多い。だから、読んでてピュアさや温かみを感じることがしばしばなんですよね。

僕たちはすでに大人の世界を生きてますから、言葉を飾る会話も多いし、時には美辞麗句で固めることも少なくありませんよね。それは否定はしませんし、現実としてあることです。でも、中高生が送ってくれる手紙には、日常生活の中で僕の作品と出会い、僕の声を聞いて感動してくれた気持ちが純粋に綴られてるんです。さらに、演じているキャラクターを深く正確に理解したうえで、セリフの意味合いや強さを感じ取ったうえで、自分の思いを素直に伝えてくれる。それは僕にとって掛け値なしの喜びになりますし、「よし、これからも頑張ろう！」っていうモチベーションを高めてもくれるんです。

第七章　自由空間『S.S.D.S.』

何気ない助言から広がった世界

現在、速水さんが力を入れているイベントといえば、病院が舞台のSFコメディ『Super Stylish Doctor's Story　S.S.D.S.』（以下『S.S.D.S.』）だろう。一九九〇年代後半に生まれた『S.S.D.S.』がどのような経緯で生まれ、育っていったのか……。まずはそのあたりから伺ってみよう。

あるイベントをきっかけにして生まれた『S.S.D.S.』も、今では上海でイベントを開催するほどまでに成長しました。

上海ではすでに『S.S.D.S.』を三回開催してて。一回目はランティス祭りの一環として、二回目は平川大輔さんとのイベント、三回目が堀内賢雄さんと置鮎龍太郎くんの三人で行ったイベントです。上海に行くたびに実感させられるのが、僕らがやっているコンテンツに対するお客様のノリと理解度が上がっていることでしょうね。

イベントの内容は本当に日本的なんです。でも、通訳を担当する方々が僕らのイベントを何度も観に来てくれているし、お客様の理解度が上がっているのも、その方々が日本語が堪能で、直訳と意訳の間くらいの言葉までしっかり翻訳してくれてるおかげなんです。

まあ、『S.S.D.S.』よりも前、僕が最初に中国でのイベントに参加した時から考えても、中国の方々の日本語の理解力はすごく進んでる感じです。もともと日本のアニメが好きなお客様が多いんですけど、今ではイベントで僕らがしゃべるや否や笑いが起きるほどで。日本語をおそらく六割くらいの方が直接聴いてわかってるんじゃないんですかね。

そんな『S.S.D.S.』は一九九〇年代、というか二〇世紀末に生まれたんです。きっかけは本当にささいなことで（笑）。

僕のライブで歌の合間にお客様がひと息つける、クッションのような時間を作れないか……そのアイデアを出し合っている時のことでした。以前、僕が所属していた事務所のマネージャーが「アイテムとして白衣を着て、トークのようなことをやったらどうですか？」って提案してきたんです。

それを聞いた僕は試してみるのもありかなって思いましたし、どうせなら白衣に伊達眼鏡をかけてステージに上がろう、ということでDr.HAYAMIというキャラクターが誕生したんですよ。

ついでにバンドメンバーにも白衣を着せてみたら、お客様の反応が予想以上にいい。夜の部は歌が中心のライブなんですけど、昼の部は白衣を着た人たちのトークショーになってしまったこともありましたよ（笑）。この時期はバンドメンバーに割烹着を着せたり、コック帽をかぶせたりして、「面白ければなんでもいいや」というノリでやりたい放題やってた時期でもあるんですよね。

ただ、やっぱりネタが尽きてくるし、僕としてもマンネリ感が拭えなくなってくる。だから、一時はDr.HAYAMIを終わりにしようと考えたこともあって。そんな時、僕のライブに皆勤賞で来てくれていた森川智之くんが、「実は、あのドクターのコーナーが一番好きなんですよ」って言ってくれたんですよ。

僕としては「歌じゃないんかい!?」とも思いましたけど（笑）。森川くんから「僕たちのイベントに出てもらえませんか?」って相談されて、僕はDr.HAYAMIとしてゲスト出演することになったんです。それが森川くんと檜山修之くんが一緒にやっている『おまえらのためだろ！』というトークショーです。

トークショーで僕がDr.HAYAMIとして登場すると、お客様の反応がすこぶるいい。僕自身は終わりにしようと思ったネタが、他流試合で意外な面白さを発揮したんです。それと前後して、レコード会社のランティスから新しいコンテンツとして、オーディオドラマのシリーズ企画の話が僕のもとに持ち込まれてて。そこで「Dr.HAYAMIのような世界を広げませんか？」って話になったんです。

ただ、僕としてはそんな大きな話になるとは考えてないから、世界観や細かい設定は僕の頭の中にしかない。誰か他のライターにまとめてもらうのも難しいとも思ってて、それを正直に話したら、「じゃあ、速水さんが書いてみませんか？」って、思いもよらない話になっちゃったんですよね（笑）。

そこで僕がストーリーを構成しながら、よく一緒に仕事をする声優仲間を少しずつ口説いていって、今では「先生方」と呼ばれるライブの出演者を増やしていったんです。さらに、「こういうストーリーなら新米医師が成長していくエピソードが鉄板だろう！」ということで、新人のオーディションも開催して。そのおかげで、僕と同年代から二〇代の増田俊樹くんまで、幅広い世代の先生方が集まったんです。

そうやって立ち上げた『S.S.D.S.』も、始めてからもう二〇年なんですね（笑）。実際に『S.S.D.S.』のタイトルを掲げてCDを出しはじめたタイミングからでも一四年ほどですか。男性医師シリーズと女性医師シリーズもありますからね。これまでに出したCDは二〇枚以上にもなるという、僕自身も予想しなかった広がりを見せるシリーズに成長してます。

他の先生方のスケジュールもあるから、「診察会」は年に一〜二回ほどのペースで続けてます。まあ、僕としては、ここまで『S.S.D.S.』をゆっくり育ててきた、というよりも「止めなかった」と表現するほうが正しいかもしれませんね。

以前はビッグサイトのコミケで白衣を着ながら『Dr.HAYAMI』の同人誌を売ったりもしたんですよ（笑）。ニコニコチャンネルを始めたのは二〇〇六〜七年頃と意外に古くて、最初は高橋直純くんの番組に間借りする形からスタートしてるんです。その後、福山潤くんと二人の番組になり、自分たちのWebラジオに移行して、再びニコニコチャンネルに戻ってきたという流れになるんですよ。

僕としては、ニコニコチャンネルの番組は大いなるマンネリでいいと思ってます。イベントで最も重視しているのは「ココに来るとコレがある」っていう安心感ですからね。たとえて言うと「ファミレスに行った時は必ずコレを食べる」といった感覚ですか。どんなものが出てくるのかがわかってるから、それを安心して注文できる。人にはそんな感覚がありますから、聴いている方が何も考えずに安心して楽しめる二時間にしようということで、僕たちもあまり難しく考えないで作ってるんです。

ただ、『S.S.D.S.』を長くやっていると、さすがに時代の流れを感じることもありますよ。特に診察会のお悩みコーナーはそれが顕著で。夜のお悩み系は時代の変化を感じさせるものばかりで、なぜかＤＶＤに収録しない診察会に限って際どい悩みばかり相談される（笑）。先生方もわかってて、あえて際どい答えを返しますし、時には小学生レベルの答えを出す先生もいたりしますよ。とはいえ、あくまで女性向けですから、こちらとしてもほどほどに抑えてますけどね（笑）。

これは今だから明かせる話なんですけど……、実は一三〜四年ほど前、『S.S.D.S.』ができて「これはもしかしたら当たるかも……」と思える時期があって。その時はあるプロデューサーとアニメ化を見据えてライトノベルを出しましょう、って話になったほどなんです。まさに現在のメディアミックスの走りって感じですか。

その時は僕が小説を書いて一万部売れたらアニメ化、というところまで話が具体的に進んだんです。結局、その企画はなくなりましたけど、アニメ界を取り巻く現状を含めて考えてみると、アニメ化することに幸せがあったのか、という疑問が湧いてくるんですよね。そのタイミングでアニメ化していたら、『S.S.D.S.』が消費されるだけされて、今はコンテンツ自体がなくなっていたかもしれませんから……。

診察会をこつこつと重ねていった結果、『S.S.D.S.』はコンテンツとして長続きしているんじゃないか、とも思うんですよね。

これからも楽しんでもらいたくて

速水さんに『S.S.D.S.』の歴史を振り返ってもらったが、ここからは『S.S.D.S.』の裏側について迫っていこう。どんな思いを抱きながら、速水さんは『S.S.D.S.』を作り上げているのか……。以後の話を読めば、速水さんの熱意が伝わってくるはずだ。

息の長いイベントを作り続けることは本当に大変です。現在は声優関連のイベントが目白押しだから、差別化しないといけませんしね。『S.S.D.S.』の診察会は出てくださる先生方の人気や知名度、演技力に支えられてるんです。だから、僕を含めてスタッフ全員が一番に心がけているのは、先生方に気持ちよく出ていただくこと。これに尽きます。

僕らは診察会を「癒し」というジャンルのコンテンツと定義してて。出演者が妙なプレッシャーを感じないようにしてるんです。あと、「これ、やりたくないなぁ」「これ、やらされるのか……」って、やらされてる感がない作品として先生方に関わっていただくことも大切なポイントのひとつなんですよ。

まあ、『S.S.D.S.』は僕自身が面白いことをしたい、という願望から続けている部分もあるんですけどね（笑）。あと、あの人の演技を見てみたい、あの人の内面から出てくる言葉を聞いてみたい、そんな願いもイベントを存続させる大きな原動力なんです。

『S.S.D.S.』の先生方は同業者ですけど、僕が素直に「すごいな」って思える方が集まってます。そんな先生方から刺激を受けたいという思いがあったからこそ、『S.S.D.S.』を続けられた。時には「自分だったら、そんなふうに台詞をしゃべらないなぁ」って気づかされることもあったりして……。だからこそ『S.S.D.S.』は面白いんだって思わずにはいられないんです。

……すみません、話題を制作の裏側に戻します（笑）。診察会には完全アドリブの診察コーナーもあって。ただ、イベントのコンセプトは決まってるし、実はアドリブっぽい部分も僕が一言一句考えてるんです。先生方もあらかじめ方向性が決まってますから、楽に演じていただいているんじゃないんですかね。もし誰かが台本と違うことを言ったとしても、結局は台本に沿って進むようになってるんですよ。

　このシリーズの原作や台本、さらにはゲームのシナリオもすべて僕が書いてます。「なんでこんなことをやっているんだろう……?」って考えたりもするんですけど（笑）、決して苦じゃないんです。おそらく僕の根底には、筒井康隆さんや星新一さん、ジョージ秋山先生や永井豪先生など、僕が子供の頃から慣れ親しんでいる方々の作品が根づいてて、そういう世界を作るのが楽しいって感じられるからなんじゃないかって思うんです。

　みなさんはご存知だと思いますけど、『S.S.D.S.』は医者たちの織りなすSFコメディです。ただ、キャラクターたちは医者なのに医療行為は一切しません。僕の友達に医者がいるので監修をお願いすることもできますけど、それだと当たり前すぎる。むしろ白衣を着ているけど医療行為をしないことに価値があると思ってシナリオを考えてるんですよ。

　ストーリーの中で歴史の修復や改ざんをしたり、銀河系宇宙に関わったりと、けっこう好き勝手にやってます（笑）。ただ、やっぱり女性がターゲットの作品ですからね。トークを耳にした女性が興味を抱けるような、ひと味違った「風」を感じられるようにしたいということで、歴史や科学などのネタを入れてるんです。

では、具体的にどういった方向で作っていくのがいいのか？　それは本当に悩みどころですよね。歌や踊りは若手医師たちに任せて、僕たちベテラン医師は客席で舞台を観たいところですけど……、若い患者さんたちがまだ僕たちベテラン陣を受け入れてくれている気もするんですよ。もしかしたら、ベテラン医師が外れると『S.S.D.S.』ではなくなってしまうかな、という感覚があるのかもしれませんね。

ベテラン医師たちは声だけで誰だかわかる声優ばかりです。この際だから、「いやぁ、この間、検査に引っかかっちゃってさぁ」なんて、白衣を着ながら持病自慢をしたり、孫自慢ができるまで続けるのもいいのかなぁ（笑）。

当然のことですけど、診察会に来ていただく患者さんも僕らと一緒にひとつひとつ歳を取っていくわけです。だから、若い子たちだけに向けるのではなく、みんなで一緒に大人になっていこう、ということでいいんじゃないか。僕はそういうふうにも考えてるんです。

そして最後は、「今回は○○を偲ぶ会に……」って一人ひとりを見送る、という試みだってあってもいいんじゃないんですかね。葬儀にはさまざまな形があるでしょうし、白衣で笑って見送る会も決してナシじゃないと思うんです。

生死に関する話題はタブー視されがちですけど……僕も年齢を重ねてきて、死は「今までお疲れさま」っていうひとつの別れだという気がしてるんです。そういう意味で、身近な人の生や死、でなければ喜びや悲しみをもう少し出していきたい。そう考えてるので、生前葬をやってみたいってアイデアもあるほどなんですよ。

いろいろな意味で僕と固く結びついた『S.S.D.S.』は、お客様がいらしてこそ続いてきたコンテンツです。診察会が終わったあとで必ずカラオケボックスでオフ会をして、その日歌ったセットリストで熱唱してくださる患者さんもいらっしゃるとか……。僕としては本当にありがたい話です。

診察会では、患者さんたちは会場で白衣を着ているだけで仲間意識が芽生えて、初対面でも友達になれるようで。確かに、二〇〇〇人が一斉にラジオ体操をするライブなんてなかなかないですよ（笑）。僕としては、たとえ規模が小さくなっても、お客様に楽しんでいただける空間であればいい、そう思ってるんですよね。

一方で現実的な話になりますけど、事務所を設立してからも『S.S.D.S.』は大事なコンテンツのひとつであり続けています。なので、他では見られない世界を少しずつ、そしてしっかりとつなげていくつもりです。

第八章　教える立場になって

多くの若手に機会を与えるために

現在、速水さんはRush Styleの付属養成所としてRSアカデミーを開催。そこで後進の指導にあたっている。もともと養成所の講師になるつもりはなかったと話すが、やはり新人の育成にやりがいを感じているようだ。また、新人たちを教え導く中で、改めて気づかされることも多いという。

現在、僕は現役声優であると同時に、RSアカデミーという養成所で教えています。そのきっかけになったのは、遡って考えると若手時代に参加したナレーションの勉強会なんですよ。この勉強会には的確に物事を教えられる女性の方がいらっしゃって。その方はまず、自分の発する言葉や音に対して、しっかりとした認識を持ってるんです。そのうえで、他人のナレーションをいい方向に導く術を持っていた。素直にそれはすごいことだって感じたんです。これがいつか教える側になりたいと意識した最初の出来事かもしれませんね。

その後、声優学校ブームが訪れて、知り合いや同業者の多くが講師として教壇に立つようになりました。僕も誘われましたが、現役声優がやることではないのでは……、という考えが強かったんで、すべてお断りしてたんです。

一〇年くらい前のことです。ある人から「声優学校を立て直してほしい」との相談を受けたんです。そこで状況を聞いた時、僕なりに思うところがあったので、現役の声優陣に声をかけて講師を集めることになって。講師集めは僕と妻が中心になってやりましたけど、それでも僕自身が講師になるつもりはまったくなかったんです。

声をかけた中に親友の小野健一さんもいたので、僕は彼に主任講師をお願いしました。僕としては自分の役割はここで終了、のつもりだったんですけど……。小野さんが「なんで速水さんは講師をやらないの？」って尋ねてくるんです。僕が拒もうとすると、小野さんが「それはダメでしょ！」と。で、僕も講師陣に名を連ねることになっちゃいました。小野さんにしてみれば、「途中退場は許さん！」ってところだったんでしょうね（笑）。

こうして僕も講師として生徒たちの前に立つことになったんですけど……実際に教えてみると、新しくて、かつ面白い発見の連続で（笑）。生徒たちはテクニックはもちろん、言葉も含めて知らないことがたくさんあったんですよ。本当に「こんなことも知らないのか⁉」って思うくらい。でもそれが、僕の中に今までなかった考えをもたらしたんです。

自分が普段やっている演技は、自分の感覚にフィットした、自然に湧き出てくるものです。それをいざ生徒に伝えようとすると、これがなかなか難しい。同時に、「どんな言葉ならば相手に伝わるのか？」「語尾のイントネーションは？」「相手との距離感は？」……といったことを生徒に教えているうちに、自分の持つ技術が論理的に解析されていったんです。

つまり、それまで感覚で自然に行っていたことが、自分の中でロジックとしてマニュアル化されていくわけです。おかげで生徒たちに教えているうちに、その内容が自分にフィードバックされて、感情の込め方、イントネーションの美しさなど、演技の体系が自分の中でより鮮明になってきて。それまで経験を積みながらいろいろ悩みましたけど、知らないうちに自分の中には自分なりの明確な演技の方法論ができあがっていたんですよ。これは僕にとって大きな発見でしたね。

その方法論については、今のところマニュアル化はしていません。現在開設しているRSアカデミーでは、その方法論に則って教えていますが、今後もマニュアル化するつもりはありませんね。これにはちゃんと理由があるんです。

やっぱり声を生業としているからですかね。文章ですべてが伝わるとは思えないんです。言葉は生きているというか、言霊が宿っているものであり、声の講義であるならば、やっぱり声で伝えるべきだろうなって考えが強いんですよね。

声優は難しい職業だと思います。声に特化されてるぶん、ジャストフィットの台詞を要求されます。体や表情を使って表現を補うこともできないから、役者とは別の難しさがある仕事なんです。

そんな発見や気づきのプロセスをたどったうえで、僕はRSアカデミーを立ち上げることを決めたんです。大事なことは「演じることの楽しさ」や「共感する喜び」を教えることなんじゃないか、って気づいたんです。

現在、生徒が何百人もいるような立派な養成所はたくさんあります。でも、養成所に入ったからといって、全員がプロになれるわけじゃない。むしろ、その中で埋もれる個性がたくさんあるんです。そんな個性をなんとかしたい、プロの意識を持って次の高みを目指せるような仲間たちと出会ってほしい……それが実現できるコミュニティーというか、それを伝える場を作りたいというのが、RSアカデミー設立の大きな動機なんですよ。

この業界は今、消費のスピードが非常に速くなってます。実際、新人の声優が世に出て、三年～五年もすればいなくなることも少なくなくて……。それは多くのプロダクションが、長いスパンで人材を育成しようという考えがないからだと思うんですよね。二〇代の今はこうしよう、三〇歳になったらこう売ろう。四〇代になったら、五〇代は……って、明確なビジョンを持って新人を育成しているプロダクションは少ないと思います。

新人声優のほうも、デビューするとレッスンの機会が減りますしね。プロダクションに所属すると、レッスンまで面倒を見てくれませんから、結局は自主的にレッスンするしかない。たとえば個人的にワークショップへ行くとか、友達同士で劇団をやってみるとか方法はいくつかありますけど、それ以外だと仕事を得るしかないんです。

たまたまオーディションを受けて主役に抜擢されたとしても、最近のアニメは放送が一クールという作品が多くて、番組が終わればまた元に戻ってしまいます。一クールは一三話ですから、多少の経験にはなっても、それだけでは声優としての成長に限界があるし、演者としての血肉にはなりません。

そういった現状を目の当たりにしている僕としては、素直に「もったいないな」って思うんです。素材としてはとてもいい新人がプロダクションの査定（定期的な試験）に落ちてしまって、そのまま廃業……そういうケースを見るたびに胸が痛くなるんです。

夢を実現してスタートラインに立ったのに、そこで棄権してしまう人がいかに多いか……。確かにそれが現実であって、誰が悪いという話ではないんです。でも、中にはすくい上げてレッスンすることで、次のステップに進める人も確実にいるんですよ。

たとえ一人でも構いません。ちょっと先の将来を見据えて、表現者としての礎やポジションを築いていく手助けができれば……それこそ僕たちが続けているＲＳアカデミーの大きな役割だと思います。

「演じる」ということとは

大いなる志を秘めてRSアカデミーを設立し、速水さんは新人たちに道筋を作ろうとしている。では、実際には新人に対してどのようなアプローチをしているのか。その方法論はこれから声優を目指す人たちにとって大きな糧になる言葉ばかりなので注目してほしい。

ここからはRSアカデミーの具体的な活動内容や、レッスンを通じて気づいた、声優として心に留めておきたいことなどについてお話ししていきましょうか。

RSアカデミーは、一クラス一〇人くらいで構成されてます。それ以上の人数になると、全員になかなか目が行き届かなくなりますからね。その中で、今の演技について実際に僕が感じていること、こうしたいと思っていること、自分ではできなかったこととかを投影した実践的なレッスンを行ってます。

たとえば、文章の読解力を高めるレッスンでは、まず、目読してもらう。そして言葉の背景や奥を考える。文章を見ただけである程度台詞がしゃべれる人もいますけど、その言葉をどういう意味で発しているのか聞いてみると、途端に答えられなくなることがよくあるからなんですよ。

実生活では、自分の思考から選ばれた言葉をしゃべっていますよね。相手に問いかける、また相手の問いかけに答える……どちらにしても、いくつもある言葉の中から、適切だと思う言葉を選んで声に出すわけです。だからこそ台詞に感情がこもるわけですけど、台本を読むということになるとまた違ってきます。いくらそれっぽく、いい声で台詞をしゃべれても、それはただ音声にしているだけでしかないんですね。

言葉に感情がこもらなければ、人を感動させるなんてできないし、キャラクターを作り上げることもできません。今はいろんなアニメやドラマを観られますから、そこから耳コピして、上手に真似できる人も多いんです。でも、心から発する言葉は、おのずと重さが違ってくる。その差を埋めていくのが、読解力を深めるレッスンの狙いなんです。

ありがちなことですけど、台本をもらうと、みんな必ず練習してきます。練習するのはいいことのように思えますけど、実は良い悪いにかかわらず、ある決まった調子をインプットしてしまう弊害もあって。だから読み合わせをすると、相手の台詞に関係なく、自分が練習した調子で台詞を発するんですよね。

結果、そのやりとりは会話として成立しなくなる。そこで僕が「なんでそういう調子になったの？」って聞くと、その理由を答えられない。というか、台詞のやりとりが会話だというスタンスを、まったく意識してないケースが多いんです。練習した台詞の音階から脱却できないでいる状態なんですよ。

実際には相手の台詞があったうえでの自分の台詞だから、そこには感情のやりとりが必ずあるんです。だからこそ、一行の台詞に自分がどういう思いを込めてるのか、という掘り下げをさせる。それがあって初めて生きた台詞の音階が生まれるし、台詞の中でも重要な言葉を意識できるようになるんです。こういう部分こそ、大きく成長できる要素だと考えてるんですよね。

他にも、声優として役を演じるうえで「物語を壊さない」こと、「会話する相手のことを考えて台詞をしゃべる」ことも教えます。最近はアフレコにもいろいろな形がありますけど、基本的に声の仕事には相手がいますから。その相手の台詞が生きるように自分の台詞を発することが大切なんです。自分の台詞がうまく言えているかどうか、それも相対的な会話の中で評価が決まってくるものですしね。

自分の台詞は相手へのトスなのか、それともレシーブなのか。アタッカーに台詞というボールをうまく渡せているか、またはレシーバーとして台詞をうまく受け取れているか……。キャラクターを演じるうえで、きちんと自分の役割を認識することは基本中の基本だし、それが先ほどお話ししたふたつの言葉につながってくるんです。

また、自分の台詞において「不用意に話さないこと」も教えます。安易に「こんな感じかな……」って台詞を発するのは、ただの文字の垂れ流しでしかない。「言葉」には温度があるし、色があるんです。音ではなく「言葉」で伝える。その「言葉」を作るものは、何に向けて、どこに目を向けて、どこに気持ちを向けて話しているのか、というしっかりとしたビジョンです。だから、それをしっかり考えたうえで台詞を発する必要がある。それが「不用意に話さない」ということなんです。

話は少々逸れますけど、ＲＳアカデミーの生徒たちと接していて驚いたことがあって。これがどこまで本当かはわかりませんよ。今はあまり笑ったり、泣いたりしたことがない人がけっこう多いらしくて。傷つくことに耐えられないから、心にさざ波を立てないように生活してきたっていうんですよね。

昨今はスマホに象徴されるように、姿が見えない相手とのコミュニケーションの場が巷に溢れてます。相手が見えないぶん、容赦のない言葉を浴びせあって傷つくことが多いのかもしれません。それが感情の乏しさというか、感情の抑制につながってるのかもしれませんが……演者の立場から言わせてもらえば、感情の根っこがどこにあるのかを知らなければ、いい言葉をしゃべることなんてできませんよ。

悲しみの根はどこにあるのか、喜びの表情はどこから生まれるのか……。これは厳格に追求しなきゃならない課題なんです。追求するとしたら自分の中にあるものを掘り下げるしかないし、自分の中にないなら、ないなりに経験していくしかない。僕としては「もっと恥をかこう」「もっといろんなことを語り合おう」って教えるようにしてるんですけどね。

演技といっても、結局は「人として豊かになる」という一点に尽きるんじゃないかって思うんですよ。声優という職業を続けていて、ラジオで話をしたり、イベントで登壇したり……その場で出せるものといったら、普段の自分の延長線上にあるものしかないんです。

普段思っていること、仲間と会話している時の楽しさ、そういうものが自分のエネルギーになって台詞が発せられる。会話の豊かさや柔軟性などが構築されていかないと、タレントとしても次のステップに進めないよってよく話すんです。その意味では、恥をかくこと、語り合うことって非常に大切な要素なんですよね。

恥をかく、ということに通じてるかもしれませんけれど、声優はリミッターを外すことが大前提の職業なんです。先ほどもお話ししましたけど、普通に演じても、ただ音を当てただけでしかない。感情を込めるのはもちろんのこと、そのうえで突き抜けた表現をしないと演じるキャラクターの魅力は出せません。

生徒に一分間笑ってみてって言うと、これがなかなかできない。恥ずかしいということもあるんでしょうけど、それを乗り越えないと表現にはなりません。常軌を逸したレベルまで自分を振り切れ、とは言いません。ただ、九番目のチャクラとでも言うか、自分の中の何かを開かないとキャラクターたちの魅力は表現できないんです。

アニメのキャラクターたちは多様性に富んでます。鎌倉時代や中世ヨーロッパの人もいれば、貧しい人も高貴な家柄の人もいます。時には未来に生きていたり、人外だったりもしますしね。僕は時代劇の『バジリスク～甲賀忍法帖～』にも出演しましたが、「かたじけのうござる」っていう台詞ひとつ取っても、日常会話で使われる表現じゃないんですよ。でも、これまで触れた時代劇などからのイメージで普通にしゃべれます。

これが、いつも使わない言葉だし、意味がよくわからないからしゃべるのは恥ずかしい、って感じてしまうと、その台詞は成り立たない。確かに今は昭和時代に比べると、時代劇などに触れる機会は減りました。ある意味では、僕はそういうものを自然に身につけた最後の世代になるのかなぁ、とも思うんですよね。

僕はアニメでも国産第一号の『鉄腕アトム』から観てますし、『怪傑ゾロ』などの吹き替えドラマ、時代劇、戦争映画などを観て育ちました。第二次世界大戦も経験こそしてませんけど、身近な史実として心に残ってます。

だから、いろいろなキャラクターたちのいろんなテイストの中で生きてきた、とも言えるんです。「恥ずかしい」という部分は自分で克服してもらうしかないんですけど、さまざまなシチュエーションでの言葉遣いや台詞の抑揚などについては、生徒一人ひとりにカスタマイズして教えていきたいんですよ。

考えてみれば、僕は明治、大正の記憶を昭和で受け取ってるんですよね。平成が終わったあとの新元号令和を含めれば、もう大変です（笑）。西暦で言っても、僕は一〇〇〇年代生まれの人であって、今の新人は二〇〇〇代生まれの人ばかりで。もはや生まれた世紀が違うんですよねぇ（笑）。

そんな時代の狭間に生まれた僕は、前世代からのバトンを受けて、次世代へと渡していく……文化の語り部というか、そんな使命を持っているようにも感じてるんです。それに加えて、長く声優業界にいるからこそ、細やかな理論よりもプロとして通用するトーク、台詞、たたずまいなども生徒たちに伝えないといけないなって思ってます。

いつでも前を向いて

一言で声優を目指す若者たち、と言っても、その個性や生活環境はさまざまだ。そんなＲＳアカデミーの生徒たちを育てていくうえで、速水さん自身が念頭に置いていることがある。その思いをいかにして生徒たちに伝えるか……。速水さんの奮闘は続く。

僕はＲＳアカデミーというコミュニティーの中で、生徒や新人たちには、プロとしての僕たちのイズムを注入していきたいと思っています。

これからも強いメンタルとフィジカルを持った新人をオーディションで丁寧に募っていくつもりです。実際、過去に行ってきたオーディションでは、そういう人材が多く集まってくれたんですよ。

ＲＳアカデミーに入ってくる子たちは一人暮らしで、家賃やレッスン料をアルバイトで賄っている人が少なくないんです。「冷蔵庫が買えないんです！」って女の子もいたりしますけど、僕も新人の頃は同じような状況だったから、その気持ちや苦労は本当によくわかる。生徒たちも遊びで声優を目指しているわけじゃないんですから、彼らを受け入れる僕たちもきちんと続けて勉強できる人を選抜していかないといけないんです。

中には「デビューするまでは援助してやる」って父親の庇護を受けられた子もいますよ。これだけ聞くと恵まれているように思えますけど、その子は大きなプレッシャーとともにRSアカデミーへ入ってきたんです。というのも、彼女は農業高校に通ってて、声優に憧れはあるけれども卒業後は就職する……そんなふうに自分の将来を描いてて。そうしたら、彼女の夢を知っていた父親が「お前、なんで就職活動してるんだ？　そんな後ろ向きな姿勢じゃ声優になれるわけないだろ！」って背中を押してくれたそうなんです。

これはある意味、夢からの退路を父親に断たれたわけで。彼女は前に進むしかなくてRSアカデミーに入ってきたんです。だから彼女のモチベーションは高いですし、すでに売れっ子になってるんですよね。父親も大喜びで、彼女の出る作品は家族で観ているそうですよ。思い起こしてみると、口にこそ出しませんでしたけど僕の父もそうでした。やっぱり声優を目指すとしたら、自分自身の努力はもちろんのこと、周りのサポートも少なからず大切になってくるんですよね。

メンタルの強さという点で言うと、こんな生徒もいました。彼は関西出身で、なかなか関西弁が抜けなかったんです。その彼がオーディションを受けることになったんですけど、原稿は随分前に渡したはずなのに、当日になって僕にアクセントについて聞いてくる（笑）。僕は当然、「今になって聞くことじゃないだろ！」って怒りました。

すると彼は、以後は僕には聞かないで、ＲＳアカデミーの先輩に「アクセントを教えてください」って相談したんです。さらに、その先輩の都合が悪いと見たら、たまたま一緒にいた先輩の母親にアクセントを確認してほしいってお願いしてて。これにはさすがに「なんてメンタルをしてるんだ!?」って驚きましたよ（笑）。

結局、彼はある大きなオーディションを受けて合格しました。その作品は今、大ブレイクしている「ヒプノシスマイク」です。そんな大作のその主要キャストの中に、なんと彼も入っちゃったんですよ（笑）。実は僕もそのうちの一人なんですけどね。細かい経緯は省きますけど、結果的に彼が僕と同じ舞台に上がってきたのは、メンタルの強さのなせる業だと感じてます。怒られたことによって自分の姿勢を改め、わからないことは聞いたり一生懸命勉強する。怒られたことを糧に変えられたメンタルの賜物なんじゃないかなって思ってます。

少々話は逸れますが、声優を目指す場合に方言の克服は大きな課題になるんです。地域や家庭による影響が大きいんですけど、普段の生活で使っていた言葉はなかなか抜けないんですよね。声優の仕事をする限り、これは絶対かつ完璧にチェンジしないといけません。

ただ、自分に染みついた言葉の影響力ってかなりのもので（笑）。前日に実家の家族と電話で話したりすると、翌日にその影響が残っていたりするんです。帰郷したあとなんて特にひどい（笑）。日常の言葉だからアイデンティティになってることもあるでしょうけど、そこに甘んじていると標準語を覚えるのが確実に遅くなります。

作品によっては関西弁が個性になっているキャラクターがいますし、最近は地方色を全面に出している場合などもありますよね。確かに言葉の裾野は大きく広がってきてはいます。その意味では、方言は大きな武器になる可能性もある。ただし、やっぱり使われるのは圧倒的に標準語ですよ。だからこそ、最初に標準語を覚えることは必須なんですよ。

話を戻しましょう。数多くの人材が集まってきた今、僕は何ができるのか。ＲＳアカデミーの生徒が先輩たちにふれあえる環境を提供することは、大きな要素のひとつだと考えてます。

同時に、僕自身が常に現役であり続けること、これも生徒たちへの説得力になると思うんですよ。「俺の背中を見て育て!!」ってわけじゃないんですけど、そのための努力の積み重ねを見せることで、イズムと言うか、仕事に対する姿勢が伝わるんじゃないかなって……。まあ、何事も基本のうえに応用としてすべてのものが成り立ちますから、それをわかってもらうために必死ですよ（笑）。

RSアカデミーでは他の養成所と同じように、節目で査定を行います。査定というのは、わかりやすく言えば試験ですね。この査定は生徒たちにとって、とても大切なものです。なぜなら、これまでの成果を評価されるだけじゃなくて、評価次第ではRSアカデミーを去らないといけませんから……。僕たちにとっては辛いところでもありますけど、その子の将来を考えると、必要だと思うんですよね。

また、RSアカデミーには新人を対象にしたコースのほかに僕が専任で教える「プロ科」もあります。これはプロの方々が入るコースです。事務所の垣根を超えて学びたい方々のための授業です。

これまでにたびたびお話ししてきましたけど、現在は声優の仕事の裾野が広がったぶん、さまざまな能力を求められるようになりました。声はもちろんですが、歌えることはもはや必須事項で。さらに、できればダンスができること。

作品のオープニングやエンディングの曲も、声優が歌うのが当たり前になりました。コスプレも抵抗なくできることが望ましい……。アイドルに近いことを求められながら、さらにアニメ文化特有のスキルも求められるんです。だから当然、ＲＳアカデミーではボーカルやダンスレッスンもやります。

こうなると何に焦点を当てて教えるべきか、僕もわからなくなりそうなんですけど……。それでもやっぱり基本は「声」にあるんです。「声」といっても作った声じゃなくて「地声」。いろいろなことを求められたとしても、地声で「いい声だなー」って言われることが一番なんじゃないんですかね。

そして、最後は演技ということに集約されてくるんです。どんなに可愛くて萌える声を出せても、それだけだと演技というよりも作り物でしかない。自分の生の声で、生の表現ができるか……これがすべての演技の基本になると僕は信じてます。それができるベースの強さがあってこそ、そこから派生する振り幅、つまりは他の仕事に通じていく。これこそ、僕が今まで声優として生きてきた実感なんです。歌も地声で歌えれば一番いいですし、それが声優を長く続けていくコツでもあるんじゃないかって強く思うわけですよ。

声優という職業にいろいろな技術が求められる時代になりましたけど、生徒たちに教えながら自分のことを思い返してみると、過去の自分と向き合う旅をしているような感覚になるんですよね。「いつから俺はこんなことができるようになったんだろう……。そうだ、こういう訓練をしたからできるようになったんだ！」といった感じです。

僕も劇団四季にいた若い頃は、夏でも冬でも毎朝六時半に稽古場に行って発声練習をしてました。発声練習のために口を大きく開けると、唇の端が切れちゃうんです。冬場なんて特にそうで。それでも発声練習を続けるんですけど、当の自分は「お、切れたよ」ってくらい楽しんで練習をしてたんですよね。

いろんな苦労はありましたけど、思い出してみると、そういう部分も含めて楽しかったことのほうが多いんです。なのに僕は、一度は声優を勝手にやめてしまいました。そういうことも今では楽しく思い出せるんです。

だからこそ生徒たちには、大変だけど頑張ってほしい。そのために僕も一生懸命頑張って教えますけど、教えられただけで満足してほしくないんです。僕が教えたからといって、うまくなるとは限りませんからね。そんな魔法みたいなことはできませんから、自分なりに努力を重ねて成長していってほしいですね。

勇気ある一歩を!!

生徒たちの育成を通じて、気づかされることが多いという速水さん。その中で見えてきた速水さん自身の今後の方向性、そして新人声優に対する提言を最後に語ってもらおう。

後進の育成をしながら現役を続けていると、今後の自分の方向性について思いを巡らせることもしばしばなんですよね。僕の中で大きな道標になっているのが朗読の活動なんです。

前にもお話ししたとおり、僕の友達には校長先生になってる人もけっこういて。そんな友達の協力を得て、小学校の朗読ツアーを行ってるんですよ。最近だと兵庫県と徳島県に行きました。これはやっぱり、僕が中学時代に中島敦さんの『山月記』の朗読を聞いて感動した思い出が大きなモチベーションになってるんですよね。

実際には、二学年ずつまとまってもらって朗読の授業を行います。時には声優を目指してる子もいたり、母親が声優ファンだったりすることもあって、サインを求められたりすることもあるんですけどね（笑）。

もちろん、それも嬉しいことなんですけど、一番の楽しみは子供たちに感想を聞くこと。「上手でした！」とか「僕はそんなにうまく読むことはできません！」とか、子供たちのダイレクトな反応は心にとても響くんです。時には手作りのプレゼントを用意してくれていることもあって、思わず感激させられることもありますよ。「僕と校長先生は同級生なんだよ」って話をすると、たいがい「嘘だー！」という反応が返ってきて。これが校長先生にとってはちょっとしたショックだそうなんですけど（笑）。

時間に余裕がある場合は朗読会の前後に、父兄の方々を対象とした朗読のワークショップを開催することもあるんです。このようなふれあいはとても楽しい。ある学校では「今度、給食をご一緒してはいかがですか？」って提案もいただいてて、これを楽しみにしてるんです。きっと僕たちの時代より数段おいしい給食が出るんだろうな、なんて思いながら、その日が来るのを心待ちにしてますよ。このインタビューの間に、実際においしい給食を体験しました（笑）。

声の仕事とは違う方向だと、実は小説を書いてみたくて。シナリオなどを手がけることはありましたけど、純文学というか、人類永遠のテーマである恋愛小説を書いてみたいんですよね。空想ではなかなか書けないんで、自分の経験とか、もしくは親しい人の人生を晒すことになるかもしれませんけど。そのあたりはしっかりと注意して書くつもりなんで、該当すると思われる方はあまり心配しないでほしいですね（笑）。

最後に声優を目指す皆さんに少しアドバイスというか、エールを送りたいと思います。

僕は定期的に声優学校などのオーディションに審査員として呼ばれてて。今までに一〇〇〇人以上を審査したり、一人ひとりにアドバイスを送ったりしてきました。オーディションには中高生から年配の方まで、本当に幅広い年齢層の方々が参加していて、そんな人たちに僕が必ず伝えることがいくつかあるんです。

まず第一に「本を読みましょう」ということ。声優を目指すとしたら、僕は読書はマストだと思っています。読解力もそうですが、本に書いてあることから新たな感情や疑似経験を受け取ることができるからなんです。

第二に「ゲームをプレイする時、台詞は必ず聞く」ことです。たとえばシミュレーションゲームなどでは、途中で同じルートをたどることも多いから、そんな時は台詞を飛ばしがちになるんです。でも声優を目指しているなら、台詞は必ず聞いたほうがいい。同じ台詞でも何度か聞いていると、どこかに新しい発見がありますから。ゲームを楽しむと同時に、勉強のつもりで台詞を聞いてみるといいと思います。

第三に、「日常生活の喜怒哀楽を振り返ってみる」こと。よく「自分の怒った顔を鏡で見てみてください」って話しますが、怒り顔を見ることでいろいろな演じ方が見えてくるんです。たとえば怒るにしても、自分が何に対して怒っているのか、どのくらい怒っているのか、あえて意識しないと普通は考えませんよね。それに「今の顔がレベル八だとしたら、先日の怒りはレベル一五だったな」というふうに、怒りの度合いによって表情や言葉が大きく変わっているはずです。自分を見つめなおすことで演技の練習になるし、自己分析によっていろいろなことが見えてきて、人間性も豊かにもなりますしね。

最後に「人に聞こえる声でしゃべる」ということ。これは声優の職業としてはもちろんのことですが、自信を持ってほしいという切なる願いも込められてるんです。

たとえば、オーディションを受けに来た人たちには、この言葉を必ず伝えたうえで「ここにいること自体が最大の勇気ある行動なんだから、その勇気に自信を持ってほしい。だから、しゃべる時はしっかりと人に聞こえる声でしゃべろうよ」ってエールを送るんです。

オーディションのために入念に準備をしていながら、その先に踏み出せない人もいるでしょう。石橋を叩きすぎて、結局は橋を渡らない人も多いと思うんです。前に進むには勇気が必要です。オーディションに来るということは、その勇気ある一歩を踏み出したことなんですよ。だからこそ、このエールを送るんです。

僕はつねづね思うんですけど、青春なんて計画性のないことの連続です。猛ダッシュで川まで走っていったら橋がない、でも走ることを止められずに川へドボンと落ちる。僕も若い頃、実際にそんな感じで田んぼに落ちて泥だらけになったこともあります（笑）。声優としてのキャリアを振り返ってみても、声優になるまでのプロセスもその連続だった気がするんですよね。実際に一度は声優の仕事を辞めたつもりになったこともあるわけですし、それでも今はきちんと声優として活動してます。

「一歩踏み出す勇気、一歩踏み出すアクション」……これを持ち続けて頑張ってもらいたいというエールを、本書の結びの言葉とさせていただきたいと思います。

【対談】速水奨×野津山幸宏

【野津山 幸宏（Yukihiro Nozuyama)】

◆声質：ハイバリトン

誕生日　1996年12月24日
血液型　A型
身長　170㎝
出身地　大阪府
趣味　プラネタリウム鑑賞、砂時計あつめ
特技　腹筋、効果音、即興作詞作曲

《アニメーション》
Caligula- カリギュラ -（高津辰雄）
邪神ちゃんドロップキック（一郎）
Fate/EXTRA Last Encore（マスターD）ほか
《ゲーム》
ヴァンガードエクス（士導イズル）※主役　※2019年秋発売のゲーム
なむあみだ仏っ！ - 蓮台 UTENA-（宮毘羅大将、散脂大将）
龍が如くONLINE（犬井勝平）ほか
《オーディオドラマ》
ヒプノシスマイク・シリーズ（有栖川帝統）ほか
《ナレーション》
ヒプノシスマイク×スペースシャワー「ヒプノシスマイク -Division Rap Battle- SPECIAL PROGRAM」
ほか

【対談】速水奨×野津山幸宏

ここからはRush Styleの代表である速水さんと、同事務所の準所属タレントである野津山幸宏さんという、師弟関係にあるお二人の対談を掲載。まずはお二人が出会った経緯から語っていただこう。

■野津山さん、Rush Styleに入る

――同じ事務所であり師弟関係にあるお二人ですが、そもそもどのような出会いだったのでしょうか?

速水：野津山くんはRush Styleのオーディションを受けた中の一人だったんだよね。

野津山：そうです。当時の僕は大阪の声優学校に通っていて、その学校で行ったオーディションに速水さんがいらっしゃったんです。失礼なお話ですけど、その頃の僕は速水さんの存在

を知りませんでした（笑）。でも速水さんと会った時に、直感的に「この人はすごい人だ」って思ったんですよ。これは本当です。〝野性のカン〟ですね。

速水：違うよ、それは（笑）。そもそもね、大阪まで事務所の代表が訪問することのほうが少ないんだよ。普通はマネージャーが一人で訪問するのに。まぁでも、野津山くんに光るものがあったのは事実だよね。若い子からちょっと大人の人たちまで、一六〇人をオーディションしたけれど、野津山くんはその中でも「面白いキャラクターだな」と思ったし。その場で一〇分くらい話をしたもんね。一九、二〇歳の子が、僕ほど年齢の離れた人間とそこまで長時間の話はできないよ、普通。

野津山：そうですかね、でも確かに長くお話させてもらいました。僕も速水さんを知っていたわけではないのに、だんだんと惹かれていって。オーディションはそれまでに何回も受けていて、失礼な話、オーディション慣れしてしまって緊張もしていなかったんですけど、終わったあとで結果が気になったのはRush Styleのオーディションだけでしたね。同じ日に二次審査があると聞いていたので、一次審査が終わってからは「ここに入りたい！」って素直に思ったのでドキドキで。だから二次審査に呼ばれた時は本当に嬉しくて。「ここに行きたい!!」なんて初めての感覚だったので不思議でした。

速水：後日、事務所に戻って社長に野津山くんの音声を聞かせたんだよ。そうしたら社長が「この子はすごいんじゃないかな。可能性を感じる」って言うわけ。僕らは野津山くんを直接見て体感したけど、社長は音声だけでそれを感じた。声優ってのは音でどれだけ表現できるかってことが勝負だから、そこから考えるとやっぱり光るものがあったんだよね。

——速水さんが感じた「光るもの」とは何だったんでしょうか？

速水：それは、ある種の「クレバーさ」だね。頭のよさとかではなくて、人に楽しみを与えることができる天性のもの。それを野津山くんは持っている。僕たちもそういう人材を探していたんだよね。しかも、それでいて性格の裏表がない。これは成長の伸びしろになるよね。いろんな人に「どんな人材を望まれてますか？」って聞かれるんだけど、その時は「度胸、愛嬌、ＩＱ」っていつも答えてる。この「ＩＱ」は、人間力の高さを指すんだけど、言葉に関する感性とか、人を思いやる気持ちだとか……これは後天的によくなるってことがあまりない部分。生まれ育った環境とか、培ってきたものが心に根づいてないと現れないものだと思うんだよね。付け焼き刃では通用しない部分だよね。あとは演技がもっとうまくなってくれれば（笑）。

野津山：そこはしっかり頑張ります！

速水：一、二年で劇的にうまくなるわけないから、何度も反復して身につけてね。ちょっと先のことを言えば、売れてくると担がれるんだよ。そんな時は、ちょっとくらい天狗になってもいいんだけど、周りのヨイショを真に受けちゃダメだよ（笑）。

野津山：はい、とても大事なところですね。

速水：天狗になるのは悪くないんだ。期待に応えるというのは、それだけでも大変なことだから。期待に相応するものをまとうわけだし、そこにファンが価値を見出してくれることもあるし、感情移入もしてくれる。だらしなくお腹出してポリポリかいてるようじゃダメ（笑）。

野津山：それなら、天狗になってたほうがいいですね（笑）。

速水：そうそう、スタイリッシュに生きるっていうかね。人を思いやるって言ったけど、一昔前はこの業界も先輩たちはみんな怖かった。足の引っ張り合いも、何度も目にしたよ。例えばある先輩が「あの子、いつもギリギリでスタジオ入りするよね」なんてことを、事務所の先輩やマネージャーに言うわけ。そうすると、それは本当だろうが嘘だろうが「そうなんだ」という認識を生み出し、新人はレッテルを貼られて潰される。そんな世界の中で、いつも穏やかな表情で、人のことを悪く言わないメンタルを持った人……そういう人が業界の中で長く生き残ってる。野津山くんには、そういう人間になってほしいな、と。僕にできなかったことを後輩たちにしてほしいな（笑）。

野津山：なんか、ドロドロしたものが出てきちゃいましたね（笑）。

——先日引退したスポーツ選手も言ってましたけど、一度評価されるとそこからが大変だと。天狗を維持するってのも、実は大変なことのようですね。

速水：そうなんだよ。実体験からいくと、二〇～三〇代は勢いでイケる。でも、そこから先は地力がないとダメなんだよね。「俺はン年前に主役を張ってたんだ」って、それまでの成果で生きることもできるんだけど、それは年々スカスカになっちゃう。だから、常に「ing」で何かを生み出していかないと。

野津山：速水さん、「えっ!?」って役を演じることもありますもんね。

速水：そう、仕事を断ることを止めたんだよ（笑）。最近で言えば『臨死!! 江古田ちゃん』のエンディングね。曲が昭和調でムーディだから「いいかな」なんてね、思わずノッちゃった（笑）。でも「意外！」と思われるより、「この人に演ってもらってよかった！」と言ってもらえるよう、力を出すしかないよね。……野津山くんは、まだ二二歳だっけ？

野津山：そうです。

速水：その頃、僕は声優デビューしたてだったね。つらい時期だったよ。御飯を食べるお金もないのに、声優の仕事があるからバイトができない。その辛さといったら……。でもそうか、野津山くんもアルバイト辞めたんだよね？

野津山：はい、辞めました。最近はいろんなバイトがありますから、バイトしながら続けることもできるとは思うんですが……もっと仕事に打ち込める環境にしたいと思って。最近、少し意識が変わってきたんです。バイトを続けてたら、その環境から抜け出せないなと思って。なくすものもないわけですから。ひとつの仕事が次の仕事につながる。ご飯は速水さんがたくさん御馳走してくれると思うので心配してません（笑）。

野津山さんから見た教師・速水奨とはどのような存在なのか。その答えは、速水さんがいかに普段から若い感性でいることを窺わせてくれる。

■教えることで見出すもの

速水：ご飯といえば先日、事務所で宴会をやった時に思ったけど、人が増えたね。

野津山：そうですね、僕が入った時は五～六人でしたもんね。この前の宴会は二五、二六人いましたから、こんなに多くなるとは思いませんでした。……って僕が言うよりも速水さんのほうが実感されていると思いますが。

速水：そうだね。ちょっと感慨深いかな。でも、そのおかげなのか、若い人たちと一緒にいることで自分の若い感覚も蘇るというかね、同じ年齢になれるんだよ。タイムトラベルみたいな感じ。彼らとシンクロする感覚は、自分にとっても大事なことだと思えるよね。生徒と対面しているというよりは、横に並んで同じ方向を見ている感じかな。

野津山：それは僕たちにとっても、すごくありがたいことなんです。と同時に速水さんは「早く自分を超えていけ」って言われますが、恐れ多いことですよ（笑）。

速水：それはね、カッコつけてるんじゃないんだよ。むしろ「早く俺を楽にさせてくれ！」って意味（笑）。

野津山：あ〜、そこはカッコつけてくださいよ（笑）。でも、そう言われると、せっかく同じ方向を向いて進んでくれているんだから、少しでも早く速水さんのいる位置に近づきたいなって気持ちが生まれます。同じ方向を向いてくださるからこそ、「聞く」ことに怖さがないのもありがたいですよ。教えていただくことに貪欲になれます。「それは違う、そうじゃない」って言われると、こちらも萎縮してしまうというか、「ダメなんだ」って刷り込まれちゃいます。でも、「ここはこうしたほうがいいんじゃない？」って言ってくれるから「そうなのか！」って。学ぶ気が旺盛になりますよね。

速水：そうね、やっぱりいいところを褒めるほうがいいと思うんだよ。振り返ってみれば、自分が怒られていた時は本当に嫌だったもんな。怒られて得るものはあまりなかった気がする。例えば自動車の教習所なんかひどかったな。お金を払ってるのはこっちなのに「何やってんだ、違うだろ！」みたいな罵声の毎日（笑）。なんでしかめっ面で「おい、ブレーキ！」なんて脅されなきゃいけないんだか。あんなので運転できるようになるわけがない（笑）。

野津山：本当ですか？　僕の時は普通に優しかったですよ。

速水：時代とともに変わっていくんだねぇ（笑）。演劇の世界なんか、昔は演出家が灰皿を投げるなんて、よくある話だったしね。

野津山：確かに速水さんの世代の方たちから、そういうお話は聞くことがあります。お芝居っていろいろ考えて取り組みますけど、試行錯誤しながらというか、時には感覚的にというか。そんな悩みながらの場面で威嚇されたら、萎縮しちゃって何もできなくなっちゃいますよ。いいも悪いもわからないうちに「今のはダメなんだ」って記憶だけが残って、演技の幅も狭くなってしまいそうで。そう考えると、速水さんの指導は本当にありがたく思います。

声優として何が一番大切なのか。それは地声だと断言する速水さんに対し、大きく頷く野津山さん。さらに、その地声を生かすためうえで忘れてはならないことがあると速水さんは語る。

■一番大事なものは「地声」

速水：僕が大事にしたいのは「地声」なんだよ。例えば「外郎売り」っていう有名な口上があるけど、これを一〇〇回繰り返す反復練習をする人がいたりするんだよ。滑舌をよくするとか狙いはあるんだろうけど、ひたすら繰り返すのはどうかとも思う。そこにある言葉の鮮度とか、込められた気持ちとか、それが相手にどう伝わるかのほうが大切。そうなると話し手にとって自然な声、つまり作らない地声が一番適していると思うんだよね。だから練習するなら、まずは地声のレンジを広げて、そこから表現の幅を広げ、そのうえでキャラに合った表現を、声優としてのテクニックを使って演じればいい。最もベーシックである地声のお芝居、声の出し方、持っている感性が大事であり、それを消し去って型にハメるのは乱暴かな、と。

野津山：養成所に入って、それを聞いた時は衝撃的でした。一番印象に残っている言葉です。「地声を鍛えてほしい、地声で演技を豊かにしてほしい」と。でも、隣の芝生は青いもので（笑）、キレイな声に憧れたりします。正統派の主人公の声というか、そういう役をやりたいなと思っても、速水さんは「そうではなくて、自分の声でできる役をやってから！」って指導してくれるわけです。その成果なんでしょうけど、先日母校に行った時、先生方に「声、カッコよくなったね」って言われたんですよ。自分では学校にいた時と変わらないと思ったんですけど。でも、それで「地声が一番の武器なんだな」って感じることができました。

速水：指導する側としては、型にハメちゃうほうが楽なんだけどね。「こんなこともできないのか！」って言ってればいいんだから。でもそれじゃあね、せっかくRush Styleに来てもらった意味がない。夢を追って、プロを目指してるんだから、一〇〇人いれば一〇〇通りの声の出し方がなければならないし、そうなるようにこちらも心を砕かないといけないって気持ちでやってるよ。

野津山：習う側としては、速水さんの指導を信じることができるか、そこが勝負ですね。やはり地声が好きって人はあまりいませんし(笑)。僕も初めは嫌いでした。でも、速水さんが「地声」って言ってくださる。その言葉を信じて練習する。振り返ってみれば、「この声でやっていく！」って覚悟をいかに早く決められるかが、成長を決める大きなポイントだと思います。

速水：もしかしたら、有名な声優さんを真似てみるほうが早いのかもしれないけどね。でも、それはモノマネだし、オリジナルの人たちは健在ですし（笑）。意味がないよね。だったらその人しか出せないものを作って、広げていくほうがいい。そのほうが精神衛生的にもいい

（笑）。

野津山：そうですね（笑）。

速水：中にはものすごく役を作り込んで現場に入る人もいるけど、それは大きなストレスを抱えることになる。現場に入ったら、「それ変えて！」なんてことはよくあることだし。作り込んだフィルターを剥がされたら、何もできなくなっちゃう。若い人は特にそうだよね。だったら、自分の自然な形を、現場に応じて増幅させていける力をつけるほうがいいよね。

――地声の訓練方法って確立されていたりするんですか？

速水：根本はね、ホーム感の確立ですよね。声を出す時は、必ず誰でもどこかに負荷をかけちゃってる。それは発声とか、姿勢とか、マイクの位置とか、台本の持ち方とか……いろんなところに「不自然さ」が出てくる。特に初めて演技する場合は、喉を閉めて、視野狭窄になってっていうのがスタート地点。その緊張を解きほぐし、不自然さを取り除くことが「地声」を生かす第一歩なんだよね。マイクの前が「アウェイ」じゃダメ。前にマイクがあるのが自然なことで、マイクという器具を通して声を出すのではなく、映像にダイレクトに自分の声を送っている感じ。見ている映像からイメージとか感情を受け取って、それが声になって出ているのがベストだね。……なんて言っても、僕も若い時はマイクがすごく気になった。「あの人の次は、俺がマイクに入らなくちゃ！」みたいにね（笑）。

野津山：確かに、今は十分な本数のマイクが置かれてますもんね。

速水：そうだね。『銀河英雄伝説』の収録なんかマイクが一本だけ（笑）。だから、みんながそれを円陣みたいに取り囲んでね。それぞれの演じるキャラの距離感を出すために、マイクから距離も各々考えて、みたいな。

野津山：ホントですか、それって舞台に近い感じですね。

速水：うーん、そうだね（笑）。

いかに自然体で収録現場に臨むか。その心構えを野津山さんに語る速水さんは、状況に応じた対応の仕方にまで話を広げていく。

■自然体で臨む

野津山：やっぱり実力の差は、さっきのマイクの話に象徴されますね。僕はどうしてもマイクを意識しちゃいますし。と言いますか、マイク、はっきり見えてますもん（笑）。その時点で、集中しきれてないってことかもしれませんね。僕にとっては、マイクが前にあるのは日常ではないっていうこと。早く日常に近づけないといけないですね。マイクの存在はもとより、何なら台本の存在も忘れちゃうくらい……。

速水：それ、ディスってる？　僕が台本を忘れて現場に行っちゃったこと、ディスってる（笑）？　ま、確かに忘れたけどね、家に台本を。でもあれはさ、朝にリハーサルをしたからなんだよ。しない時はカバンにきちんと入ってる（笑）。

野津山：じゃあ、朝のリハーサルは止めたほうがいいかもしれませんね（笑）。

速水：だね（笑）。

野津山：それは冗談ですけど、やっぱり一緒にスタジオに入ると、いろいろ感じさせられます。普段は師弟ですけど、現場に入ればそんなことは関係ないと思っていますが、その意識で速水さんを見ると、本当に一番、自然体で演じていらっしゃるんです。他の人はやはりどこかで力みがある。でも速水さんはスーッとマイクに近づいて、いつもの声で演じる。これが「地声で演じる」ってことなんだなと、いつも痛感させられます。本当に自然体で、それが強みで……もう「達人」なんだなと。

速水：それは違うね。「省エネ」だよ（笑）。これについては、共演者に驚かれることもよくあるんだよ。先日も事務所の近くで収録があって……って、この時、事務所にいたよね、野津山くん。

野津山：はい、いました。「お弁当事件」ですよね（笑）。

速水：そうそう（笑）。収録前に食べようと頼んだお弁当が来なくて、どうしようか迷ってたら、マネージャーが「大丈夫、お弁当が来る前に帰ってこれますよ」ってね。そんなワケあるかって、スタジオに行って戻ってきたら、ほどなくお弁当が来た（笑）。

野津山：実働一分ですよ（笑）。びっくりしました（笑）。

速水：本当にね（笑）。でも鮮度を保ちながら、密度とテクニックを見せるのが僕の目標地点でもあるし。

野津山：お弁当の鮮度も保たれましたしね（笑）。本当に、それってすごい大事なことだと思います。僕は声優以外の仕事、アルバイトの時は緊張していません。それは作業に慣れてるからであって、どんなトラブルがあっても対応できるという自信もある。結局、そういうことだと思うんです。声優っていう特殊な仕事ですけど、マイクが前にある環境に慣れていくというか、馴染んでいくというか……日常にしていかなければいけないって思います。まだ自然じゃないから、マイクも、モニターも、台本も、全部気になることばかり（笑）。

速水：ボーリングをやっている時に、たまにあるんだよね。投げる前から「あ、これストライク取れるな」って感覚になる時。そういう時は、意識しないでも思い通りのフォーム、思い通りの軌道でストライクになる。もうね、全部が自然体。

野津山：わかる気がします。

速水：この自然体には、まだ先があるんだよ。その自然体のままで、さらにそこに役に対するエキサイティングな気持ちを落とし込めた時は本当にすごい。この境地はなかなか難しいんだけどね。邪念、雑念がいろいろ入るから。自然体でありながら、別の目も持って演じる。これが理想形かな。

野津山：そこまでは難しいです。せいぜい僕は、気負わないで現場に入るってことくらいしか、まだできません。自分が作ったものを現場で変更させられることも少なくないんで、でもそれは速水さんからいろいろ教えていただいてることでもあるから、作りすぎず、力まずに現場に入るようにしてます。イメージは持っていますが、現場のニーズに合わせて変えることもできるように……。でも、それが精一杯ですね。さっきも「外郎売り」って例が出ましたが、「練習のしすぎもよくない」っていう、速水さんの教えもありますから。「セリフはラリーみたいなものだから」と速水さんがよく言われてますけど、本当にそうだと思います。相手があってのセリフですから、一〇〇回練習して作り上げたものを返しても、通じるかどうかわからない。反復練習も大事ですけど、言葉の大事なポイントだけは押さえて、いつでもラリーできるように心がけてます。この柔軟さがプロには必要ですよね。

速水：そうだね。例えば大谷選手は、おそらく誰よりも素振りして、筋トレして、ピッチャーと対峙してると思う。でも相手はメジャーリーガーだから、投げる球も人智を超えてるわけだ（笑）。そうなると、基礎に裏づけられたカンで打ち返すしかない。ジャンルもレベルも違うけど、声優も本質的には同じかなと思う。アフレコの時に、相手が投げたセリフが想定外の色を持って迫ってくる。こちらの予想が外されたら、ガチガチに決めていたとしたら、それはもう空振りするよね。反復練習は壁打ちで、現場はラリー、常にライブ。そのほうが楽しいし、緊張感を保つこともできる。自然体って言っても、適度の緊張感がやっぱり必要なんだよ。そこに向かう意思というか、魂がなければ、やはり言葉は生きてこないからね。

野津山：そうですね。

速水：僕らの世界は、人々が求めるセリフやエネルギーを計算しないで瞬時に出せる瞬発力がないといけない。そういう意味では、ゲームの現場は特殊だよね。一人で収録するのに、いろんなシチュエーションがあるからクッタクタに疲れる。

野津山：そのとおりですね。僕は初めて一人で行った『ヒプノシスマイク』の収録で、それを味わいました。シーンとしてはすごい掛け合いのハズなんです。別録りとは聞いていたんですが、先に収録した相手の音声を聞きながらの現場だと思ってたら「はい、よろしく」みたいな（笑）。相手の音声なんか流れなくて、一人でやることになったんですよ。相手がいないのにお芝居をするなんて感覚はなかったので驚きました。これが声優の特殊性なんですよね。知らないうちにバックを取られた、みたいな気持ちになりました。

速水：別録りの特殊性は、ミキサーさんの存在にあるんだよね。録った音声をつなげていくミキサーさんの力量によって、こっちのセリフのよしあしが左右されるから。間のとり方もミキサーさん次第だから本当に怖い。けっこう悩んだんだけど、出だしと語尾さえしっかりデザインできれば、どう切り取られても大丈夫だなというのが僕の結論だね。

野津山：なるほど！　それは完全に声優としてのスキルですね！

速水：やっぱりね、本当なら一緒に録るのがいいよね。二〇年くらい前までは別録りなんて一切なかった。ゲームだって一緒に収録してたんだから。『テイルズ』シリーズとか。

野津山：最近はゲームといえば必ず別録りですよね。

速水：アニメだって「主役がいない」なんてことも珍しくない。

野津山：別録りだから新人さんもやりやすい、なんて話も聞きますね。自分の失敗で迷惑をかけないですむとか、ベテランのプレッシャーがないとか（笑）。でも僕は速水さんに教えを受けてきたんで、相手がいる現場じゃないと厳しいですね。

速水：さっきミキサーさんの話をしたけど、絵もそうだよね。演出家が自分でセリフの秒数を計って、それを絵に反映する。早口が好みの演出家だったりすると、「これ、無理でしょ。

言いきれないよ！」みたいなこともある（笑）。そういう意味では、作られた世界に魂を吹き込む仕事だから、いろんなシチュエーションやパターンに合わせられる力量を持ってないとダメだよね。それはトークも同じだけど。

野津山：そうですね、いろんな引き出し、球種を持っていないとダメですよね。

最近では共演する機会も増えてきた速水さんと野津山さん。その時のことを語るお二人からは、今も心地いい関係が続いていることがうっすらと見えてくる。

■二人で共演

――『S.S.D.S.』の舞台でも、お二人は共演してますよね。ライブといえば真っ先にそれが浮かびますが、野津山さん、この舞台はいかがでしたか？

野津山：あ、あれはですね……もう流れるままに（笑）。周りがすごい方ばかりなんで。朗読パートが僕の役割ですが、それを速水さんにチェックしていただき、言われたとおりに演る（笑）。

速水：まぁ、言ってもシナリオは僕が書いてるからね、野津山くんのイメージから逸脱したものはないと思うよ。

――試しにアドリブを入れてみたりとかは？

野津山：ないです！　そんなことはまずないです（笑）。

速水：それはまだダメだよね。ちょっと早い（笑）。ただでさえ、いろんな人がガッツリとアドリブを入れてくるから。それで盛り上がるぶんにはいいけど、野津山くんはまだね、基本をしっかりやらないと。

野津山：はい、僕は書かれていることを忠実に読むだけです（笑）。実際、他の方がアドリブをガンガン入れてくるので、尺を合わせるだけで僕は精一杯です（笑）。

速水：人によってはアドリブやりすぎて、本流を忘れちゃうからね（笑）。

野津山：それが一体感として作用するのも、このステージのいいところですけど……、「僕のパートが来ない」なんてことも多々あります（笑）。まぁ、そもそも「僕はなんでこの豪華メンバーの中にいるんだろう？」って感覚ですけど（笑）。

速水：それはね、「ラジオ体操」の掛け声のためにいるんだよ（笑）。僕が新人だったら絶対に嫌だね。あんな豪華メンバーの中で演るの。そういう意味では、野津山くんはハートが強い。セリフも長いしね。

野津山：四ページに及ぶセリフなんて、おそらく後にも先にもまずないでしょうね（笑）。でも、出演者と速水さんの確固たる信頼関係が土台にあってこその舞台ですから、僕も必要以上に緊張することはありませんでした。これが別のところからオファーで来た仕事だったら、まったく別でしょうけど。

速水：そうそう、共演というか、二人でニコ生の番組もやってるんだよね。

――そうなんですね！

速水：僕と同じくらいの年齢のクリエイターの方をお呼びして、僕の感性と若い野津山くんの感性、ふたつの切り口からうまくトークを展開していきたいと考えてるんだけどね。

野津山：速水さんとの阿吽の呼吸は、あまり心配してません（笑）。僕のファンは僕と同世代の方が多いので、その方たちも楽しめる内容にしたいと思います。こんな舞台を用意してくださるなんて、速水さんには本当に感謝です。みんなが僕によくしてくださるのは、やはり速水さんが周りにそう接してきたからだと思います。僕も後輩ができたら、優しくて信頼される先輩になりたいですね。僕と速水さんの信頼関係は、速水さんが横並びで接してくれることに依るんです。だから自然と「速水さんの期待に応えたい！」って気持ちになります。その気持ちで、この番組もがんばります！

――そういえば『ヒプノシスマイク』でも共演してますけど、お二人でラップバトルの練習をしたりするんですか？

野津山：しないですね、それは（笑）。基本、歌詞がありますし（笑）。

速水：でも情報はもらったりするよね。「あそこ、ハモリがありますよ」とかね。

野津山：でも、すごい人気になってきましたね。声優陣もベテランから新人まで幅広いし、キャラもカッコいい。今後もいろんな展開があるらしいですよ。

速水：そうなんだ。どこまで行くのかわからない作品になってきたね。

野津山：そうですよね、『ラブライブ！』とか『刀剣乱舞』が紅白歌合戦に出場する時代ですもんね。

速水：そうなると、僕らも『ヒプノシスマイク』で紅白歌合戦に出場することになるかもしれないなぁ（笑）。まいったなぁ、大晦日、キツイなぁ（笑）。

野津山：休めないですね（笑）。

速水：それは冗談だけど。でも、いろいろ挑戦していかないといけないね。今度は二人で『M-1グランプリ』に出場してみようか（笑）。

野津山：決勝くらいに残っちゃって、『ヒルナンデス！』にも出演しちゃいましょう（笑）。

（※この対談から数ヶ月後、本当に『M-1』に挑戦することになる）

――（笑）。話は少し戻りますけど、『ヒプノシスマイク』の共演者として速水さんを見た時、野津山さんが感じることはありますか？

野津山：無論ありますよ。師弟関係ってのは変わりませんけど、同じステージに立っていると、いつもよりも一層、速水さんのストイックさを感じます。芸歴は本当に長いのに、常に現在進行形で挑んでいらっしゃる。若いキャストに混じってラップをするわけですからね。ラップなんて、好きじゃないと聴かないジャンルの音楽ですよ。それをきちんとしたレベルまで仕上げて演じるんですから、本当にすごいです。

速水：そうだね……頑張るしかないんだよ、もう（笑）。逃げるわけにはいかないんだよ、本当は逃げたいんだけど（笑）。これまで仕事してきて、いろんな話があったけど、今考えると断った仕事とかに対して「もったいない」って気持ちが強くなってきたんだよね。僕も若い頃は尖った鼻をしていたタイプだから（笑）。いろんな事情もあったけど、断った仕事も少なくない。

野津山：鼻に肉とかを刺してバーベキューができる感じですね（笑）。

速水：う～ん、できたね（笑）。やっぱり自分の可能性を否定しないで、仕事を楽しんだほうがいいんだよ。そう、楽しいのが一番いい。自分が楽しくないとね。

野津山：新人がキラキラ輝いてる、みたいな話はよくありますけど、僕から見たら速水さんも大きな輝きを放つ存在です。憧れますよね。ピッタリの役から意外な役までなんでも演じて、まぶしいくらいの光を放ち続けてる。それができる人だから、役が速水さんに寄ってくるんだろうなって思います。

速水：役が寄ってきてくれたら楽だね(笑)。週に一〇回くらい寄ってきてくれたら満足(笑)。

野津山：それは寄りすぎですね(笑)。でも速水さんの姿勢が、演出家やクリエイターさんに、「この役を速水さんに演ってもらいたい」って思わせるんじゃないかと思いますよ。

速水：どんどんそう思ってもらえると何よりだね（笑）。そうそう、若いクリエイターの方たちとお話をしていると、とても面白いなと感じるんだよね、最近。大張（正己）さんとか河森さんも当然面白いんだけど、若いぶんだけ感性の違いが浮き彫りになるっているね。

野津山：それはそうですね、僕の場合は逆ですけど、先日大張さんのトークショーに観覧させていただいたんです。僕にとっては新鮮なお話が多くて心から楽しませて頂きました。

速水：総じて、クリエイターって純粋というか、天然というか。河森さんなんて、いまだに大学生みたいな雰囲気を持っている。興味のあることしか考えない、みたいな。先日もお話ししたんだけど、最近は進化の度合いが早くて、ちょっと悩んでいるとか。以前は数十年先の利器を想像することができたけど、最近は浮かばなくなったって。でも手塚治虫先生もそうだったけど、クリエイターって本当に時代を先取りするというか、予見する力があるよね。昔漫画で見たものが、今の時代でたくさん実現している。そういうところにクリエイターのすごさを感じるよね。みんな年齢に関係なく輝きを持ってらっしゃるし。

野津山：そうですね、年齢に関係なくというのは先日感じました。話をしているうちに、年齢差を感じなくなったんですよ。不思議でしたね。遥かに年上の方なのに、時代に対して同じ目線、興味あるものに対して純粋な関心を持っていらっしゃる。そういう方が業界でも長く生き残れるんでしょうね。

速水：昔に比べて今はそういう方々とご一緒する機会も少なくなったね。でもそのぶん、野津山くんの世代は物怖じしないで近づいていくメンタルを持ってる。

野津山：そうですね。でも物怖じするような方は少ない気がします。クリエイターの方々も、同じ立ち位置でこちらを信頼してくれていると言いますか、威張る方は少ないですよね。

速水：とは言っても積極的に動かないと、そういう人たちとの接点を持つことはできないから、そういう意味では野津山くんはすごいよ。

野津山：僕は異種格闘技戦が好きですから（笑）、誰とでも飲みに行きますね。『S.S.S.S.GRIDMAN』のメンバーからもお誘いを受けます。なかなか参加できないんですが、主役の広瀬裕也くんが同じ歳なので意気投合しました。あの作品のメンバーはとても仲がいいんですけど、あれは広瀬くんの人徳ですね。いずれにせよ、誘われれば誰とでも飲みに行きますよ、僕は（笑）。

速水：それはとてもいいことだよ。ただ、健康管理上の問題は起こさないようにしないとね

（笑）。

野津山：そうですね、それは……気をつけます！　確かに飲んだら声が変わりますが、それに気づくのは事務所の人たちだけですよ（笑）。他の人はそのまま現場に行ったって誰も気づかないですもん（笑）。むしろ気づかれなさすぎて「これが僕の地声なのか？」って心配になったくらいです（笑）。そういえば高熱のまま出た時も必死こいて隠してたのに、……バレちゃいましたね（笑）。

速水：いやいや、顔は暗いし、動きは緩慢だし丸わかりだったよ（笑）。

――普段、若い人たちに速水さんはどんなアドバイスをしていらっしゃるんですか？

速水：健康管理については「ご飯食べてる？　きちんと寝てる？」くらいの感じですね。日常生活についての声かけは心がけてるかな。でも一番のアドバイスは「お話をしよう」ということ。ホウ・レン・ソウも含めて、その日の出来事とかを語ることも、表現の練習になる。恋愛も奨励してますよ。「ちょっとお金のある年上と付き合いなさい」みたいな（笑）。とにかく、せっかくRush Styleに来たんだから、みんな幸せになってほしいなと思うよ。親御さんたちも含めてね。

野津山：そうですね、僕の両親は自分が声優になったことを喜んでくれています。特に父は手のひらを返したように、「お前ならできると思ってた」なんて（笑）。家に帰ると、サインを書かされたりしますよ。嬉しいですよね（笑）。

速水：僕もそうだったなぁ（笑）。みんな早く一人前になって、僕に楽をさせて欲しいね（笑）。

２０１９年３月28日 RushStyle 事務所にて

あとがき

この本の制作中に、私の母が逝去しました。父はかなり前に逝去しているのですが、両親を亡くした喪失感が、最近は私の中に大きく存在していました。もういい大人ですから、順番から言えば当然親は彼の地へ旅立つ頃です。頭では理解していましたが、実際の喪失感は、まさに心にポッカリと大きな穴が開いた感じでした。この本の制作中に思い出したさまざまな記憶や感覚で、両親を失った喪失感は相殺され、母のことを思いながら見送ることができたのは幸いでした。ただ、生きているうちにこの本を読んでもらえたらよかったな、とも思っています。

僕があと何年、この仕事を続けるのかはわかりませんが、少し未来に向けて、自分ができることを、少しずつ確実に作っていきたいな、と思っています。おそらく去年よりも一昨年よりも、これからの僕の活動は活発になると思います。とにかくアグレッシブに攻めていくつもりです。

この本の制作が終わったことに際し、父、母、そして兄たち、そして僕を育んでくれた故郷、僕と関わったすべて人々に、大いなる感謝を表したいと思います。また、一方的ではありますが、演劇を目指すきっかけとなった西田敏行さん、声優をやめようと思った時に、僕の代わりに声を当ててくれていた先輩、アルバイト先のみなさん……僕が今ここにいるのは、そのような皆様が大切な鍵となっているのは間違いありません。その方々にも、漠然としたものではなく、明確な意思を持って、感謝の気持ちをお伝えしたく思います。本当にありがとうございました。

この本を制作している最中にもいろいろありましたが、これからも僕はフェイス・トゥ・フェイスの近い距離で、ファンの方々、そして聞き手の方々に、僕の声を届けるという仕事を、しっかりと地に足をつけて取り組んでいきたいと思います。

最後までお読みくださり、本当にありがとうございました。

速水奨　出演作品リスト

■1980年

【ラジオ】　ニッポン放送「夜のドラマハウス」「星に願いを」映画のお兄さん

■1981年

【TV】　新竹取物語1000年女王（千年盗賊）

■1982年

【TV】　機甲艦隊ダイラガーXV（出雲タツオ）
【TV】　超時空要塞マクロス（マクシミリアン・ジーナス）
【TV】　新みつばちマーヤの冒険（アリの隊員A・ホタル・足長クモ・ミミズのマックス）
【劇】　1000年女王（千年盗賊A）

■1983年

【TV】　機甲創世記モスピーダ（レニーボーイ/ダスティ・アイレス）
【TV】　キャッツ・アイ（警察無線の声、河野）
【TV】　銀河漂流バイファム（ジェイナス号艦長）
【TV】　聖戦士ダンバイン（バーン・バニングス/黒騎士）
【TV】　装甲騎兵ボトムズ（ポル・ポタリア）
【TV】　超時空世紀オーガス（桂木桂）
【TV】　特装機兵ドルバック（イデル総司令官）
【TV】　未来警察ウラシマン（ライサンダー）
【TV】　レディジョージィ（アーウィン）

■1984年

【TV】　OKAWARI-BOYスターザンS（銭屋金之助）
【TV】　機甲界ガリアン（ハイ・シャルタット、兵C）
【TV】　銀河パトロールPJ（ジム）
【TV】　ゴッドマジンガー（エルド王子）
【TV】　重戦機エルガイム（ギャブレット・ギャブレー）
【TV】　名探偵ホームズ（夏目金之助）
【劇】　超時空要塞マクロス 愛・おぼえていますか（マクシミリアン・ジーナス）
【OVA】　重戦機エルガイム（ギャブレット・ギャブレー）

■1985年

【TV】　蒼き流星SPTレイズナー（ロジャー）
【TV】　炎のアルペンローゼ ジュディ&ランディ（タランチュラ/ジャン・ジャック・コルトー）
【TV】　ダーティペア（ジュニア）
【TV】　ルパン三世（第3作）（ピーター）
【劇】　ドラえもん のび太の宇宙小戦争（同志）
【OVA】　ドリームハンター麗夢（円光）
【OVA】　ドリームハンター麗夢スペシャルバージョン
惨夢、甦る死神博士（円光）

■1986年

【TV】　銀牙-流れ星 銀-（如月）
【TV】　ハイスクール!奇面組（姿飾、龍野忍志也）
【TV】　マシンロボ クロノスの大逆襲（レスラーロボ、タフトレーラー、ダイヤマン、No.4・グロギロン、ガルディ・ストール、ナレーター）
【劇】　ハイスクール!奇面組 やめてお願い!夏休み補習授業（龍野忍志也）
【OVA】　ガルフォース（パラノイド指令）
【OVA】　機甲界ガリアン 鉄の紋章（ハイ・シャルタット）
【OVA】　コスモス・ピンクショック（ギャツビー）
【OVA】　ドリームハンター麗夢II聖美神女学園の妖夢　（円光）
【OVA】　メガゾーン23PARTII秘密く・だ・さ・い（白鳥優一郎少尉）

■1987年

【TV】　赤い光弾ジリオン（バロン・リックス）

【TV】　きまぐれオレンジ☆ロード（北方健、男、男達、若者）
【TV】　マシンロボ ぶっちぎりバトルハッカーズ（ドラッグサム、ダイヤマン、ナレーター）
【OVA】　風と木の詩SANCTUS-聖なるかな-（ドレン）
【OVA】　デビルマン 誕生編（不動明）
【OVA】　ドリームハンター麗夢III
夢隠 首なし武者伝説（円光）
【OVA】　魔境外伝レディウス（デムスター）

■1988年

【TV】　シティーハンター（サブキャラ）
【TV】　トランスフォーマー 超神マスターフォース（忍者騎士シックスナイト）
【TV】　燃える!お兄さん（不知火明）
【劇】　きまぐれ☆オレンジロード あの日に帰りたい（演出家）
【OVA】　アーシアン（多紀/セラフィム）
【OVA】　宇宙の戦士（パット）
【OVA】　虚無戦史MIROKU（霧隠才蔵）
【OVA】　銀河英雄伝説（アーダルベルト・フォン・ファーレンハイト）
【OVA】　New Story of Aura Battler DUNBINE（ラバーン・ザラマンド）
【OVA】　冥王計画ゼオライマー（葎）

■1989年

【TV】　青いブリンク（ホロ王子）
【TV】　美味しんぼ（楊白竜、多山宗一、石本教一）
【TV】　獣神ライガー（ドル・ガイスト）
【TV】　聖闘士星矢（海馬のバイアン）
【TV】　魔動王グランゾート（アイスバーン）
【TV】　ミラクルジャイアンツ童夢くん（カルロス）
【TV】　らんま1/2熱闘編（長万部牛之介）
【劇】　ファイブスター物語（ポエシェ・ノーミン）
【OVA】　クレオパトラD.C.（エリック）
【OVA】　BE-BOY KIDNAPP'N IDOL（海浦香）
【OVA】　風魔の小次郎（飛鳥武蔵）
【OVA】　力王RIKI-OH等括地獄（黄泉）

■1990年

【TV】　アイドル伝説えり子（桜木哲也）
【TV】　からくり剣豪伝ムサシロード（ジュウベエ）
【TV】　キャッ党忍伝てやんでえ（プリンス）
【TV】　ドラゴンボールZ（ザーボン）
【TV】　ドラゴンボールZ たったひとりの最終決戦～フリーザに挑んだZ戦士孫悟空の父～（ザーボン）
【TV】　魔神英雄伝ワタル2（エラハリ船長、ワイヤッテ・オルネン）
【TV】　三つ目がとおる（鬼胴三郎）
【TV】　勇者エクスカイザー（エクスカイザー/キングエクスカイザー/ドラゴンカイザー/グレートエクスカイザー）
【TV】　笑ゥせぇるすまん（吉手麻仁也）
【劇】　愛と剣のキャメロット 漫画家マリナタイムスリップ事件（シャルル・ドゥ・アルディ）
【劇】　女戦士エフェ&ジーラ グーデの紋章（シャーガン大公）
【劇】　CAROL（ケプリ）
【OVA】　暗黒神伝承 武神（慈雲坊）
【OVA】　暗黒神話（菊池彦/菊池一彦）
【OVA】　宇宙皇子（歌音喜楽天）
【OVA】　A-Ko The VS/GRAY SIDE（ゲイル）
【OVA】　THE八犬伝（山林房八）
【OVA】　CBキャラ 永井豪ワールド（デビルマン/不動明）
【OVA】　デビルマン 妖鳥死麗濡編（不動明）

【OVA】　NEWドリームハンター麗夢 夢の騎士達（円光）

■1991年

【TV】　機甲警察メタルジャック（トロイダル）
【TV】　キン肉マン キン肉星王位争奪編（テリーマン、ザ・ニンジャ、ザ・ホークマン、超人の神）
【TV】　新世紀GPXサイバーフォーミュラ（菅生修/ナイト・シューマッハ、ナレーション）
【TV】　ルパン三世 ナポレオンの辞書を奪え（エリック）
【劇】　月光のピアス ユメミと銀のバラ騎士団（鈴影聖樹）
【劇】　ドラゴンボールZ とびっきりの最強対最強（サウザー）
【劇】　月光のピアス ユメミと銀のバラ騎士団（鈴影聖樹）
【OVA】　聖伝-RG VEDA-（夜叉王）
【GAME】　エフェラ アンド ジリオラ ジ・エンブレム フロム ダークネス（サジウス、ナレーション）

■1992年

【TV】　花の魔法使いマリーベル（パパベル）
【TV】　伝説の勇者ダ・ガーン（ダ・ガーン/ダ・ガーンX/グレートダ・ガーンGX、ガ・オーン）
【TV】　横山光輝 三国志（諸葛亮孔明）
【OVA】　間の楔（ラウール・アム）
【OVA】　源氏（嵯峨空也）
【OVA】　JOKER-マージナル・シティ-（男ジョーカー）
【OVA】　絶愛-1989-（南條晃司）
【OVA】　新世紀GPXサイバーフォーミュラ グラフィティ（菅生修/ナイト・シューマッハ）
【OVA】　新世紀GPXサイバーフォーミュラ11（菅生修/ナイト・シューマッハ）
【OVA】　NEWドリームハンター麗夢殺戮の夢幻迷宮（円光）
【OVA】　三毛猫ホームズの幽霊城主（矢坂聖一）
【GAME】　サークI・II（ロブ・ネクロマンサー）
【GAME】　ファージアスの邪皇帝（ディメオラ）

■1993年

【TV】　南国少年パプワくん（マジック総帥）
【TV】　無責任艦長タイラー（マコト・ヤマモト大尉）
【劇】　銀河英雄伝 説新たなる戦いの序曲（アーダルベルト・フォン・ファーレンハイト）
【OVA】　お洒落小僧は花マルッ（国重穂高）
【OVA】　代紋TAKE2 第II章（江原慎悟）
【OVA】　ぼくの地球を守って（紫苑）
【GAME】　ヴェインドリーム（シャドー）
【GAME】　天外魔境 風雲カブキ伝（世阿弥）

■1994年

【TV】　マクロス7（マクシミリアン・ジーナス）
【劇】　餓狼伝説-THE MOTION PICTURE-（ハワー）
【OVA】　KEY THE METAL IDOL（蛙杖仁策）
【OVA】　新・キューティーハニー（ライト市長）
【OVA】　真・孔雀王（ジークフリード）
【OVA】　南国少年パプワくん 星降る夜に会いましょう（マジック総帥）
【OVA】　新世紀GPXサイバーフォーミュラZERO（菅生修/ナイト・シューマッハ）
【OVA】　マクロスプラス（マージ・グルドア）
【GAME】　アルナムの牙 獣族十二神徒伝説（リョウスイ）
【GAME】　エメラルドドラゴン（サオシュヤント）

■1995年

【劇】　マクロスプラスMOVIE EDITION（マージ・グルドア）
【劇】　ドラえもん のび太の創世日記（出木松博士）
【OVA】　サンクチュアリ（北条彰）
【OVA】　無責任艦長タイラー（マコト・ヤマモト）
【GAME】　アンジェリークSpecial（光の守護聖ジュリアス）

【GAME】 カブキ一刀涼談（世阿弥）
【GAME】 タクティクスオウガ（ランスロット・タルタロス、ジュヌーン・アパタイザ）
【GAME】 超人学園ゴウカイザー（王崎冰/絶対神王牙）
【GAME】 ドラゴンボールZ アルティメットバトル22（ザーボン）
【GAME】 ドラゴンボールZ 真武闘伝（ザーボン）
【GAME】 魔法騎士レイアース（カルタス）

■1996年

【TV】 家なき子レミ（ブレル弁護士）
【TV】 快傑ゾロ（ジョゼ）
【TV】 怪盗セイント・テール（岩崎）
【TV】 クレヨンしんちゃん（三蔵法師、発足半蔵）
【TV】 B'T-X（ライ）
【TV】 美少女戦士セーラームーンセーラースターズ（諸星）
【OVA】 機動戦士ガンダム 第08MS小隊（ギニアス・サハリン）
【OVA】 BRONZE ZETSUAI since 1989（南條晃司）
【OVA】 超人学園ゴウカイザー（王崎泳/絶対神王牙）
【OVA】 特務戦隊シャインズマン（速水綾一/シャインズマンモスグリーン）
【OVA】 新世紀GPXサイバーフォーミュラEARLYDAYS RENEWAL（菅生修/ナイト・シューマッハ）
【OVA】 新世紀GPXサイバーフォーミュラSAGA（菅生修/ナイト・シューマッハ）
【OVA】 リヨン伝説フレア2（ジーク王子）
【GAME】 アンジェリークSpecial2（光の守護聖ジュリアス）
【GAME】 新スーパーロボット大戦（ジュデッカ・ゴッツォ）
【GAME】 ライトニングレジェンド 大悟の大冒険（アドルフ・レーツェル）
【GAME】 スーパーロボット大戦外伝 魔装機神THELORDOFELEMENTAL（ロドニー・ジェスハ/ひょっとこ仮面）

1997年

【TV】 キューティーハニーF（黄昏のプリンス/プリンスゼラ）
【TV】 中華一番!（仮面料理人/リエン）
【TV】 吸血姫美夕（樫原隆司、響敲）
【TV】 名探偵コナン（今野史郎、羽村秀一、高橋純一、羅臼辰彦、箕輪奨兵、諸伏高明）
【TV】 ルパン三世 ワルサーP38（ジャック）
【劇】 キューティーハニーF（黄昏のプリンス/プリンスゼラ）
【OVA】 新・湘南爆走族 荒くれナイト（牧紅音）
【GAME】 アルナムの翼 焼塵の空の彼方へ（リョウスイ）
【GAME】 機動戦士ガンダム外伝 THE BLUE DESTINY（ニムバス・シュターゼン）
【GAME】 クーロンズゲート（アニタ・ドール）
【GAME】 スーパーロボット大戦F（バーン・バニングス、ギャブレット・ギャブレー）
【GAME】 テイルズ オブ デスティニー（ウッドロウ・ケルヴィン、ダリス・ビンセント）
【GAME】 トバル2（魔王マーク）
【GAME】 BS探偵倶楽部 雪に消えた過去（空木俊介）
【GAME】 マスター・オブ・モンスターズ-暁の賢者達-（シャドウマスター）
【GAME】 レイ・トレーサー（ツムジ）

■1998年

【TV】 ガサラキ（豪和清継）
【TV】 金田一少年の事件簿（江戸川謙次、宗像士郎、京極優介）
【TV】 serial experiments lain（デウス/英利政美）
【TV】 トライガン（ニコラス・D・ウルフウッド）
【TV】 Bビーダマン爆外伝（エリートボン、ベストボン）
【TV】 LEGEND OF BASARA（ナギ）
【TV】 ロードス島戦記-英雄騎士伝-（アシュラム）
【劇】 クレヨンしんちゃん 電撃!ブタのヒヅメ大作戦（ブレード）

【OVA】　スレイヤーズえくせれんと（シュタインドルフ）
【OVA】　ダイノゾーン（ダイノトリケラ）
【OVA】　万能文化猫娘DASH!（樋口博士）
【OVA】　新世紀GPXサイバーフォーミュラSIN（菅生修/ナイト・シューマッハ）
【GAME】アンジェリーク デュエット（光の守護聖ジュリアス）
【GAME】アンジェリーク 天空の鎮魂歌（光の守護聖ジュリアス）
【GAME】SDガンダム G GENERATION（ニムバス・シュターゼン）
【GAME】火星物語（黒翼の堕天使）
【GAME】機動戦士ガンダム ギレンの野望（ギニアス・サハリン、ニムバス・シュターゼン）
【GAME】新世代ロボット戦記ブレイブサーガ（エクスカイザー/キングエクスカイザー/ドラゴンカイザー/グレートエクスカイザー、ダ・ガーン/ダ・ガーンX/グレートダ・ガーンGX、ガ・オーン、ハイ・シャルタット）
【GAME】スーパーロボット大戦F完結編（黒騎士、ギャブレット・ギャブレー）
【GAME】ブシドーブレード弐（風門、ナイトストーカー）
【GAME】ボンバーマンウォーズ（ボンバーヒーロー、ボンバーファイター、ボンバーニンジャ、アクアボンバー）
【GAME】ボンバーマンワールド（アクアボンバー）
【GAME】ラングリッサーV〜TheEndofLegend〜（レインフォルス）

■1999年

【TV】　Petshop of Horrors（イアソン・グレイ）
【GAME】SDガンダム G GENERATION ZERO(ギニアス・サハリン、ニムバス・シュターゼン)
【GAME】サーカディア（速水健吾）
【GAME】ジョジョの奇妙な冒険（ヴァニラ・アイス）
【GAME】ジョジョの奇妙な冒険 未来への遺産（ヴァニラ・アイス）
【GAME】スーパーロボット大戦コンプリートボックス（バーン・バニングス、ロドニー・ジェスハ）
【GAME】スペースチャンネル5（ジャガー）
【GAME】爆ボンバーマン2（暗黒の救世主ルキフェルス、聖邪の天使）
【GAME】レジェンド オブ ドラグーン（ロイド）

■2000年

【TV】　人形草紙あやつり左近（九条直人）
【TV】　GEAR戦士電童（出雲源一、ゼロ、ガルファ皇帝）
【TV】　闇の末裔（邑輝一貴）
【OVA】　超人ロック ミラーリング（ネオン）
【GAME】アンジェリーク トロワ（光の守護聖ジュリアス）
【GAME】SDガンダム G GENERATION-F（ギニアス・サハリン、ニムバス・シュターゼン、連邦兵）
【GAME】機動戦士ガンダム ギレンの野望 ジオンの系譜（ギニアス・サハリン、ニムバス・シュターゼン）
【GAME】スーパーロボット大戦α（マクシミリアン・ジーナス、バーン・バニングス/黒騎士、ラオデキヤ・ジュデッカ・ゴッツォ）
【GAME】ブレイブサーガ2（エクスカイザー/キングエクスカイザー/ドラゴンカイザー/グレートエクスカイザー、ダ・ガーン/ダ・ガーンX/グレートダ・ガーンGX、ガ・オーン）

■2001年

【TV】　学校の怪談（ダビンチ）
【TV】　PROJECT ARMS（キース・レッド）
【TV】　も〜っと!おジャ魔女どれみ（荻原てつろう）
【GAME】SDガンダム G GENERATION-F.I.F（ギニアス・サハリン、ニムバス・シュターゼン）
【GAME】スーパーロボット大戦α外伝（マクシミリアン・ジーナス）
【GAME】GEAR戦士電童（ゼロ、ガルファ皇帝）
【GAME】リリーのアトリエ〜ザールブルグの錬金術士3〜（ウルリッヒ・モルゲン）

■2002年

【TV】　SAMURAI DEEPER KYO（織田信長）

【TV】　超重神グラヴィオン（クライン・サンドマン/ジーク・エリクマイヤー）
【TV】　炎の蜃気楼（直江信綱〈橘義明〉）
【劇】　名探偵コナン ベイカー街の亡霊（ジャック・ザ・リッパー）
【GAME】　機動戦士ガンダム ギレンの野望 ジオン独立戦争記（イアン・グレーデン、ギニアス・サハリン、ニムバス・シュターゼン）
【GAME】　スーパーロボット大戦IMPACT（バーン・バニングス/黒騎士、ギニアス・サハリン、ガルディ・ストール）
【GAME】　スペースチャンネル5 Part2（ジャガー/シャドー）
【GAME】　テイルズ オブ デスティニー2（ウッドロウ・ケルヴィン）
【GAME】　ときめきメモリアル Girl's Side（花椿吾郎）

■2003年

【TV】　クロノクルセイド（ユアン・レミントン）
【TV】　出撃!マシンロボレスキュー（マシンコマンダーロボ、Dr.カイザー）
【TV】　無限戦記ポトリス（デスマンダ）
【劇】　映画あたしンち（みかんの英語の先生）
【OVA】　機動戦士ガンダムSEED ASTRAY（リーアム・ガーフィールド）
【GAME】　アンジェリーク エトワール（光の守護聖ジュリアス）
【GAME】　スーパーロボット大戦Scramble Commander（ギニアス・サハリン）
【GAME】　テイルズ オブ シンフォニア（ウッドロウ・ケルヴィン）
【GAME】　ドラゴンボールZ（ザーボン）
【GAME】　ルパン三世-海に消えた秘宝-（ザーイ）

■2004年

【TV】　サムライチャンプルー（昇竜）
【TV】　鋼の錬金術師（フランク・アーチャー大佐）
【TV】　焼きたて!!ジャぱん（マイスター霧崎）
【OVA】　Phantom-PHANTOM THE ANIMATION-（レイモンド・マグワイヤ）
【OVA】　炎の蜃気楼〜みなぎわの反逆者〜（直江信綱〈橘義明〉）
【GAME】　スーパーロボット大戦MX（ゼロ/ガルファ皇帝、葎、ガルディ・ストール）
【GAME】　スーパーロボット大戦GC（ギャブレット・ギャブレー、ギニアス・サハリン）
【GAME】　ステラデウス（クロワール）
【GAME】　我が竜を見よ（シュリエ）

■2005年

【TV】　うえきの法則（マルコ・マルディーニ）
【TV】　ギャラリーフェイク（ジャン・ポール・香本）
【TV】　地獄少女（石津吾郎）
【TV】　戦国英雄伝説 新釈 眞田十勇士The Animation（筧十蔵）
【TV】　SoltyRei（ジョン・キンバリー）
【TV】　トランスフォーマー ギャラクシーフォース（次元監視員ベクタープライム、ナレーター）
【TV】　バジリスク〜甲賀忍法帖〜（薬師寺天膳）
【TV】　ピーチガール（岡安涼）
【TV】　BLACK CAT（シャルデン=フランベルク、アヌビス）
【TV】　BLEACH（藍染惣右介）
【TV】　ポケットモンスター アドバンスジェネレーション（アダン）
【OVA】　セイント・ビースト〜幾千の昼と夜編〜（堕天使ルシファー）
【GAME】　Another Century's Episode（黒騎士、ギャブレット・ギャブレー）
【GAME】　機動戦士ガンダム SEED DESTINY GENERATION of C.E.（リーアム・ガーフィールド）
【GAME】　機動戦士ガンダム0079カードビルダー（イアン・グレーデン、ニムバス・シュターゼン、ギニアス・サハリン、デン・バザーク）
【GAME】　GAME S.S.D.S.〜刹那の英雄（Dr.HAYAMI）
【GAME】　スーパーロボット大戦MXポータブル（ゼロ/ガルファ皇帝、葎、ガルディ・ストール）
【GAME】　戦国BASARA（明智光秀）
【GAME】　第3次スーパーロボット大戦α 終焉の銀河へ（マクシミリアン・ジーナス、エペソ・ジュデッカ・ゴッツォ、サルデス・ジュデッカ・ゴッツォ、ヒラデルヒア・ジュデッカ・ゴッツォ）

【GAME】 天地の門（ソウユ）
【GAME】 ドラゴンボールZスパーキング！（ザーボン）
【GAME】 ドラゴンボールZ舞空烈戦（ザーボン、サウザー）

■2006年

【TV】 いぬかみっ！（仮名史郎）
【TV】 恋する天使アンジェリーク（光の守護聖ジュリアス）
【TV】 コヨーテ ラグタイムショー（ハンター・ベネット）
【TV】 史上最強の弟子ケンイチ（マフィア）
【TV】 ブラック・ジャック21（ドクター・キリコ）
【TV】 吉宗（宗直、ジョー千次郎他）
【劇】 映画 ふたりはプリキュアSplash Starチクタク危機一髪！（サーロイン）
【OVA】 HELLSING（エンリコ・マクスウェル）
【GAME】 Another Century's Episode2（黒騎士、ギャブレット・ギャブレー、マクシミリアン・ジーナス）
【GAME】 SDガンダム G GENERATION PORTABLE（ギニアス・サハリン）
【GAME】 スーパーロボット大戦XO（ギャブレット・ギャブレー、ギニアス・サハリン）
【GAME】 戦国BASARA2（明智光秀）
【GAME】 テイルズ オブ ザ ワールド レディアント マイソロジー（ウッドロウ・ケルヴィン）
【GAME】 テイルズ オブ デスティニー（ウッドロウ・ケルヴィン）
【GAME】 ドラゴンボールZスパーキング！ネオ（ザーボン、サウザー）
【GAME】 ブレイブストーリー 新たなる旅人（レイナート）

■2007年

【TV】 銀魂（星海坊主〈神晃〉、ヤクザ）
【TV】 獣神演武-HERO TALES-（将鶴張楊）
【TV】 素敵探偵ラビリンス（セイジュ）
【TV】 セイント・ビースト～光陰叙事詩天使譚～（堕天使ルシファー）
【TV】 桃華月憚（守東清春、守東清次）
【TV】 NANA（成田充）
【TV】 武装錬金（坂口照星）
【TV】 BACCANO!-バッカーノ！-（デイリー・デイズ新聞社）
【劇】 いぬかみっ！THEMOVIE特命霊的捜査官・仮名史郎っ！（仮名史郎）
【GAME】 アルトネリコ2世界に響く少女たちの創造詩（瞬）
【GAME】 Another Century's Episode3 THE FINAL（黒騎士、マクシミリアン・ジーナス）
【GAME】 SDガンダム G GENERATION SPIRITS（ギニアス・サハリン、ニムバス・シュターゼン）
【GAME】 銀魂 万事屋ちゅ～ぶ ツッコマブル動画（星海坊主）
【GAME】 THE BATTLE OF 幽☆遊☆白書～死闘！暗黒武術会～120％（美しい魔闘家鈴木）
【GAME】 スーパーロボット大戦 Scramble Commander the 2nd（バーン・バニングス/黒騎士、マクシミリアン・ジーナス）
【GAME】 スターオーシャン1First Departure（ジエ・リヴォース）
【GAME】 戦国BASARA2英雄外伝（明智光秀）
【GAME】 ドラゴンボールZスパーキング！メテオ（ザーボン、サウザー）
【GAME】 ドラゴンボールZ遥かなる悟空伝説（ザーボン）
【GAME】 PHANTASY STAR UNIVERSEイルミナスの野望（イズマ・ルツ）
【GAME】 武装錬金 ようこそ パピヨンパークへ（坂口照星）

■2008年

【TV】 アリソンとリリア（オーウェン・ニヒトー）
【TV】 鉄のラインバレル（桐山英治）
【TV】 神霊狩/GHOSTHOUND（スナーク、貝原直人）
【TV】 テイルズ オブ ジ アビス（ローレライ）
【GAME】 アーマード・コア フォーアンサー（メルツェル）
【GAME】 機動戦士ガンダム ギレンの野望 アクシズの脅威（ギニアス・サハリン、ニムバス・シュターゼン）
【GAME】 スーパーロボット大戦A PORTABLE（ギニアス・サハリン）

【GAME】 スーパーロボット大戦Z（桂木桂、クライン・サンドマン）
【GAME】 PHANTASY STAR PORTABLE（イズマ・ルツ）
【GAME】 PRISM ARK-AWAKE-（暗黒騎士）
【GAME】 マクロスエースフロンティア（マクシミリアン・ジーナス）

■2009年

【TV】 神曲奏界ポリフォニカクリムゾンS（学院長/シダラ・レイトス）
【TV】 07-GHOST（アヤナミ）
【TV】 戦国BASARA（明智光秀）
【TV】 WHITE ALBUM（緒方英二）
【TV】 メタルファイト ベイブレード（鋼流星、ナレーション）
【OVA】 鋼の錬金術師FULLMETAL ALCHEMIST DVD第1巻 映像特典「盲目の錬金術師」（ジュドウ）
【GAME】 SDガンダム G GENERATION WARS（ギニアス・サハリン）
【GAME】 機動戦士ガンダム ガンダムVS.ガンダム NEXT PLUS（ギニアス・サハリン）
【GAME】 機動戦士ガンダム ギレンの野望 アクシズの脅威 V（ギニアス・サハリン、ニムバス・シュターゼン）
【GAME】 スーパーロボット大戦NEO（ドル・ガイスト、リゲル）
【GAME】 戦国BASARAバトルヒーローズ（明智光秀）
【GAME】 テイルズ オブ ザ ワールド レディアント マイソロジー2（ウッドロウ・ケルヴィン）
【GAME】 テイルズ オブ バーサス（ウッドロウ・ケルヴィン）
【GAME】 マクロスアルティメットフロンティア（マクシミリアン・ジーナス）

■2010年

【TV】 ケロロ軍曹（アゲハルト）
【TV】 スーパーロボット大戦OG-ジ・インスペクター-（ブライアン・ミッドクリッド）
【TV】 FAIRY TAIL（一夜＝ヴァンダレイ＝寿、ニチヤ）
【劇】 劇場版メタルファイト ベイブレードVS太陽 灼熱の侵略者ソルブレイズ（鋼流星）
【劇】 TRIGUN Badlands Rumble（ニコラス・D・ウルフウッド）
【OVA】 装甲騎兵ボトムズ 幻影篇（ポル・ポタリア大統領）
【GAME】 Another Century's Episode:R（桂木桂）
【GAME】 WHITE ALBUM-綴られる冬の想い出-（緒方英二）
【GAME】 戦国BASARA3（天海）
【GAME】 スーパーロボット大戦OGサーガ魔装機神 THE LORD OF ELEMENTAL（ロドニー・ジェスハ）
【GAME メタルファイト ベイブレード 爆神スサノオ襲来!（鋼流星）
【GAME】 メタルファイト ベイブレード ポータブル 超絶転生!バルカンホルセウス（鋼流星）
【GAME】 メタルファイト ベイブレード 頂上決戦!ビッグバン・ブレーダーズ（鋼流星）

■2011年

【TV】 境界線上のホライゾン（松平・元信）
【TV】 GOSICK-ゴシック-（リヴァイアサン）
【TV】 灼眼のシャナIII-FINAL-（祭礼の蛇）
【TV】 デジモンクロスウォーズ（ワイズモン）
【TV】 日常（学者）
【TV】 Fate/Zero（遠坂時臣）
【劇】 映画 プリキュアオールスターズDX3未来にとどけ! 世界をつなぐ☆虹色の花（サーロイン）
【劇】 劇場版 戦国BASARA-The Last Party-（天海）
【GAME】 SDガンダム G GENERATION WORLD（ギニアス・サハリン、ニムバス・シュターゼン）
【GAME】 SDガンダム G GENERATION 3D（ギニアス・サハリン）
【GAME】 鬼哭街（劉豪軍）
【GAME】 機動戦士ガンダム 新ギレンの野望（ギニアス・サハリン、ニムバス・シュターゼン）
【GAME】 戦国BASARAクロニクルヒーローズ（明智光秀）
【GAME】 戦国BASARA3宴（天海）

【GAME】 第2次スーパーロボット大戦Z 破界篇/再世篇（桂木桂、ポル・ポタリア大統領、クライン・サンドマン）
【GAME】 テイルズ オブ ザ ワールド レディアント マイソロジー3（ウッドロウ・ケルヴィン）
【GAME】 ドラゴンボールヒーローズ（サウザー）
【GAME】 マクロストライアングルフロンティア（マクシミリアン・ジーナス）

■2012年

【TV】 境界線上のホライゾンII（松平・元信）
【TV】 黒魔女さんが通る!!（レイ・アクティル）
【TV】 K（2012年-2015年、三輪一言）
【TV】 聖闘士星矢Ω（時貞）
【TV】 バトルスピリッツ ソードアイズ（ガルドス・ランダル）
【TV】 松本零士「オズマ」（ギド・ガイラー、ディック・コイン、ナレーション）
【GAME】 機動戦士ガンダム エクストリームバーサス フルブースト（ニムバス・シュターゼン）
【GAME】 スーパーロボット大戦OGサーガ 魔装機神 IIREVELATIONOFEVILGOD（ロドニー・ジェスハ）
【GAME】 FAIRY TAILゼレフ覚醒（一夜＝ヴァンダレイ＝寿）
【GAME】 とびたて!超時空トラぶる花札大作戦（遠坂時臣）

■2013年

【TV】 イクシオン サーガDT（ヒメの兄）
【TV】 AKB0048 next stage（智恵理の父）
【TV】 サムライフラメンコ（キング・トーチャー）
【TV】 東京レイヴンズ（土御門泰純）
【TV】 ハイスクールD×D（リアス父、ジオティクス・グレモリー）
【TV】 BROTHERS CONFLICT（隆生）
【TV】 まおゆう魔王勇者（語り部子弟）
【TV】 問題児たちが異世界から来るそうですよ?（ジャック）
【OVA】 問題児たちが異世界から来るそうですよ?〜温泉漫遊記〜（ジャック）
【GAME】 境界線上のホライゾンPORTABLE（松平・元信）
【GAME】 ジョジョの奇妙な冒険 オールスターバトル（エンリコ・プッチ）
【GAME】 スーパーロボット大戦Operation Extend（バーン・バニングス/黒騎士、ギャブレット・ギャブレー）
【GAME】 スーパーロボット大戦UX（バーン・バニングス/黒騎士、桐山英治）
【GAME】 聖闘士星矢 ブレイブ・ソルジャーズ（海馬のバイアン）
【GAME】 テイルズ オブ シンフォニア ユニゾナントパック（ウッドロウ・ケルヴィン）
【GAME】 マクロス30 銀河を繋ぐ歌声（マクシミリアン・ジーナス）
【GAME】 BioShock Infinite（ジェレミア・フィンク）

■2014年

【TV】 アルドノア・ゼロ（クルーテオ）
【TV】 俺、ツインテールになります。（スパイダギルディ/アラクネギルディ）
【TV】 ご注文はうさぎですか?（香風タカヒロ）
【TV】 白銀の意思 アルジェヴォルン（ジュリアス・ユニオス、ナレーション）
【TV】 戦国BASARA Judge End（天海）
【TV】 デュエル・マスターズ（寄成ギョウ）
【TV】 東京喰種トーキョーグール（法寺項介）
【TV】 ドラゴンコレクション（モンスダス）
【TV】 バディ・コンプレックス（倉光源吾）
【GAME】 学園K-WonderfulSchoolDays-（三輪一言）
【GAME】 機動戦士ガンダム エクストリームバーサス マキシブースト（ニムバス・シュターゼン）
【GAME】 ジェイスターズ ビクトリーバーサス（藍染惣右介）
【GAME】 戦国大戦-1477破府、六十六州の欠片へ-（今川氏親、朝倉孝景、伊達晴宗、鈴木重意、風魔小太郎）
【GAME】 戦国BASARA4（明智光秀、天海）
【GAME】 爽海バッカニアーズ!（グレイ＝ニール＝バークワース）

【GAME】 第3次スーパーロボット大戦Z時獄篇/天獄篇（桂木桂）
【GAME】 Fate/hollow ataraxia（トキオミ）

■2015年

【TV】 暗殺教室（浅野學峯）
【TV】 機動戦士ガンダム 鉄血のオルフェンズ（イズナリオ・ファリド）
【TV】 コメット・ルシファー（ジュード・プライス）
【TV】 下ネタという概念が存在しない退屈な世界（ナレーション、底辺の黒）
【TV】 城下町のダンデライオン（ボルシチ）
【TV】 ジョジョの奇妙な冒険 スターダストクルセイダース（ヴァニラ・アイス）
【TV】 落第騎士の英雄譚（黒鉄巌）
【GAME】 アンジェリーク ルトゥール（光の守護聖ジュリアス）
【GAME】 学園K-WonderfulSchoolDays-VEdition（三輪一言）
【GAME】 ケイオスドラゴン 混沌戦争（イルミア・ラズワンド）
【GAME】 ジョジョの奇妙な冒険 アイズオブヘブン（ヴァニラ・アイス）
【GAME】 スーパーロボット大戦BX（バーン・バニングス/黒騎士、ハイ・シャルタット）
【GAME】 聖闘士星矢 ソルジャーズ・ソウル（海馬のバイアン）
【GAME】 戦国BASARA4皇（天海）
【GAME】 PROJECT X ZONE 2:BRAVE NEW WORLD（シャドー）
【GAME】 LORD of VERMILION ARENA（メタルアルカイザー）
【GAME】 白猫プロジェクト（アシュレイ・ディナ）

■2016年

【TV】 アクティヴレイド-機動強襲室第八係-2nd（協会様）
【TV】 ガーリッシュナンバー（石神井P）
【TV】 最弱無敗の神装機竜（ワーグ・クロイツァー）
【TV】 タイムボカン24（コロンブス）
【TV】 タブー・タトゥー（ワイズマン、謎の男）
【TV】 TRICKSTER-江戸川乱歩「少年探偵団」より-（花崎雄一郎）
【TV】 ドリフターズ（明智光秀）
【TV】 Bloodivores（ルー・ヤオ）
【TV】 魔法つかいプリキュア!（シャーキンス）
【GAME】 暗殺教室 アサシン育成計画!!（浅野學峯）
【GAME】 グランブルーファンタジー（シヴァ）
【GAME】 ご注文はうさぎですか?? Wonderful party!（香風タカヒロ）
【GAME】 スターオーシャン:アナムネシス（ジエ・リヴォース）
【GAME】 戦国BASARA真田幸村伝（明智光秀、天海）
【GAME】 夢王国と眠れる100人の王子様（エルフェン）

■2017年

【TV】 カミワザ・ワンダ（メットミン）
【TV】 はじめてのギャル（イケメンジュンイチ、八女さん命ジュンイチ）
【TV】 妖怪アパートの幽雅な日常（骨董屋）
【TV】 バチカン奇跡調査官（ジョン・ブリーケット）
【TV】 潔癖男子!青山くん（財前パパ）
【TV】 デジモンユニバース アプリモンスターズ（リヴァイアサン）
【TV】 将国のアルタイル（ジグモンド3世）
【TV】 食戟のソーマ 餐ノ皿（薙切薊）
【TV】 クジラの子らは砂上に歌う（アツァリ）
【OVA】 ストライク・ザ・ブラッドII（安座真達己）
【OVA】 ご注文はうさぎですか?? ～Dear My Sister～（香風タカヒロ）
【GAME】 嘘月シャングリラ（オルセン）
【GAME】 黒騎士と白の魔王（白の魔王［ゼロス］）
【GAME】 軍勢RPG 蒼の三国志（諸葛亮）
【GAME】 新次元ゲイム ネプテューヌVII R（海男）
【GAME】 デスティニーチャイルド（レッドクロス）

【GAME】 ファイアーエムブレム ヒーローズ（アルヴィス）
【GAME】 歌マクロス スマホDeカルチャー（マクシミリアン・ジーナス）
【GAME】 ファンタシースターオンライン2（ルツ=セロ=レイ=クエント）

■2018年

【TV】 りゅうおうのおしごと!（月光聖市会長）
【TV】 カードファイト!!ヴァンガードGZ（破壊の竜神ギーゼ）
【TV】 ポプテピピック（ポプ子〈第12話Bパート〉）
【TV】 美男高校地球防衛部HAPPY KISS!（ワオ大臣）
【TV】 ガンダムビルドダイバーズ（ロンメル）
【TV】 フルメタル・パニック!Invisible Victory（ジョージ・ラブロック[52]）
【TV】 TO BE HEROINE（わがまま総裁）
【TV】 ロード オブ ヴァーミリオン 紅蓮の王（白木・A・グラマン）
【TV】 アンゴルモア 元寇合戦記（クドゥン）
【TV】 邪神ちゃんドロップキック（カマキリ）
【TV】 中間管理録トネガワ（就活生F）
【TV】 ぐらんぶる（バーのマスター）
【TV】 学園BASARA（明智光秀）
【TV】 ラディアン（ナレーション）
【TV】 狐狸之声（キム社長）
【TV】 ゴブリンスレイヤー（吟遊詩人）
【TV】 宇宙戦艦ティラミスII（レクサス2000）
【TV】 逆転裁判～その「真実」、異議あり!～（裁牙由三郎）
【TV】 CONCEPTION（13番目の幻影）
【GAME】 銀魂乱舞（星海坊主）
【GAME】 あんさんぶるスターズ!（ペネトレイト）
【GAME】 聖剣伝説2 SECRET of MANA（セリン）
【GAME】 戦場のヴァルキュリア4（ベルガー）
【GAME】 スーパーロボット大戦X（倉光源吾）
【GAME】 ファイナルファンタジー ブレイブエクスヴィアス（天風のヴェリアス/シド）
【GAME】 フルメタル・パニック！戦うフー・デアーズ・ウィンズ（ジョージ・ラブロック）

■2019年

【TV】 エガオノダイカ（帝国皇帝）
【TV】 明治東京恋伽（辰野金吾）
【TV】 RobiHachi（メカ伯爵）
【GAME】 JUMP FORCE（藍染惣右介）
【GAME】 スーパーロボット大戦T（ラバーン・ザラマンド）
【GAME】 リンクスリングス（ジャック）
【GAME】 CODE VEIN（ジュウゾウ・ミドウ）
【GAME】 スーパーロボット大戦DD（デビルマン）
【GAME】 ヒプノシスマイク-AlternativeRapBattle-（神宮寺寂雷）

※このリストは出演作品の全てを掲載しているものではありません。

Rush Styleデビュー実績

野津山 幸宏
出演作品／ヒプノシスマイク（有栖川帝統）、ヴァンガードエクス（士導イズル）※主役　他多数

島田 愛野
出演作品／海外ドラマ：ハンナ ～殺人兵器になった少女～(ハンナ)※主人公／ゲーム：モンスターストライク（蓬莱、グィネヴィアほか）　他多数

一期生

今井 文也
出演作品／アニメ：ダイヤのA（中田中）、ギヴン（鹿島 柊）／ゲーム：黒騎士と白の魔王(アモン)　他多数

二期生

河野みさき
出演作品／アニメ：十二大戦（弟）他

久保田 將聖
出演作品／超次元革命アニメDimensionハイスクール（園芸部員木村　※実写）他

中村カンナ
出演作品／ゲーム：天空のクラフトフリート（ワルツ）、オーデイオドラマ：こはる日和とアニマルボイス（ノーブル）他多数

楓 みさと
出演作品／海外アニメ：サマーキャンプアイランド（ペッパー）、映画：みつばちマーヤの大冒険2 ハニーゲーム(ロニー、スポッティ)　他多数

2020年度 四期生募集（2019年冬頃予定）

詳細はホームページなどでご確認下さい　http://rushstyle.net/

株式会社Rush Style内　RSアカデミー事務局
〒160-0004　東京都新宿区四谷4-6-10　ビクトリアセンター 8F

くびら出版の本

声優サバイバルガイド

大宮三郎 著

声優を目指す若者にぜひ読んでほしい一冊！

声優になり、10年後も声優でいるための知恵はここにある！　アニメ制作の表と裏を知り尽くした現役プロデューサーが、目から鱗の超・実践的な声優サバイバル術を伝授。「審査員の心をつかむには」「落ちても次に繋げる方法」など、声優を目指す若者へのアドバイスが満載!!

定価：本体 1,200 円＋税
ISBN 978-4-86113-327-5

好評発売中

発行：くびら出版　発行：サンクチュアリ出版　TEL：03-5834-2507　FAX：03-5834-2508

【著者】
速水奨（はやみしょう）

８月２日生まれ。
兵庫県出身。RushStyle 代表。
1980 年にデビュー。
アニメ、ゲーム、吹き替え、ナレーション、作家、
アーティスト活動と様々な方面に活躍の場を広げている。

速水奨　言葉に生きる、声に込める

2019年９月10日　初版発行

著　者　速水 奨
発行人　髙橋 俊
発行元　くびら出版　株式会社スカイドッグエンタテインメント
〒151-0053
東京都渋谷区代々木 2-26-1　第一桑野ビル３F
TEL 03-5304-5417　FAX 03-5304-5418
http://kubira-books.jp/
発売元　サンクチュアリ出版
〒113-0023
東京都文京区向丘 2-14-9
TEL 03-5834-2507　FAX 03-5834-2508
http://www.sanctuarybooks.jp/
企画・制作　有限会社リトルウイング
編集・デザイン　株式会社リベロスタイル
協　力　野村幹雄（株式会社不知火プロ）
印刷所　中央精版印刷株式会社

ISBN 978-4-86113-349-7